Inspiração Nordestina

Antônio Gonçalves da Silva, o **Patativa do Assaré**, é um dos mais importantes poetas brasileiros. Nascido no Cariri, na Serra de Santana, próximo a Assaré, no Ceará, a 5 de março de 1909, desde menino fazia versos e os apresentava a quem quisesse ouvir. Só em 1956 seus poemas apareceriam em livro, com a edição pela Borsoi, do Rio de Janeiro, do belo *Inspiração nordestina.* O su cesso de grande público, contudo, viria pouco depois, em 1964, com a gravação em disco de "A Triste Partida", poema de Patativa musicado pelo "Rei do Baião", Luiz Gonzaga. Poeta de genuína inspiração popular, Patativa do Assaré tornou-se sinônimo de poesia popular no país, tendo lançado, em sua longa vida de quase um século, uma dezena de livros e discos com seus poemas, além de inúmeros folhetos avulsos de cordel. De sua obra, destacam-se os livros *Inspiração nordestina* (1956), *Cante lá que eu canto cá* (1978), *Ispinho e fulô* (1988), *Balceiro* (1991), *Aqui tem coisa* (1994) e *Digo e não peço segredo* (2001); e os discos *Poemas e canções* (1979), *A terra é naturá* (1981) e *Canto nordestino* (1989). Doutor *honoris causa* em diversas universidades, objeto de teses, filmes, peças e outros frutos, a voz da ave canora que lhe deu nome, a patativa, ainda será ouvida por muitos e muitos anos em qualquer canto do Brasil. Patativa morreu aos 93 anos, em sua casa, em Assaré.

Patativa do Assaré

Inspiração Nordestina

hedra
São Paulo 2003

1ª edição 1956
2ª edição 1967

Capa
Gabriela Guenther
sobre foto de Egberto Nogueira

Projeto gráfico e produção gráfica
Hedra

Revisão
Rita Narciso

A editora agradece ao professor Gilmar de Carvalho os esforços empreendidos em favor da realização do projeto deste livro.

Dados Internacionais de Catalogação na Publicação (CIP)
(Câmara Brasileira do Livro, SP, Brasil)

Patativa do Assaré, 1909-2002.
Inspiração Nordestina: Cantos de Patativa / Antonio Gonçalves da Silva [Patativa do Assaré] — São Paulo: Hedra, 2003.

ISBN 85-87328-74-3

1. Literatura de cordel - Brasil 2. Literatura de cordel - Brasil - Históia e crítica 3. Patativa do Assaré, 1909-2002 I. Título II. Série
02-4685 CDD - 398.20981

Índices para catálogo sistemático:
1. Brasil: Literatura de cordel: Biografia e obra: Literatura folclórica 398.20981
1. Brasil: Literatura de cordel: História e crítica: Folclore 398.20981

[2003]

EDITORA HEDRA LTDA.
rua fradique coutinho, 1139 — subsolo
05416-011 São Paulo — SP — Brasil
telefone/fax: (11) 3097-8304
editora@hedra.com.br
www.hedra.com.br

Foi feito o depósito legal.

Índice

Autobiografia[1]

[1] Escrita para a primeira edição a pedido de José Arraes de Alencar.

Eu, Antônio Gonçalves da Silva, filho de Pedro Gonçalves da Silva e de Maria Pereira da Silva, nasci aqui, no Sítio denominado Serra de Santana, que dista três léguas da cidade de Assaré. Meu pai, agricultor muito pobre, era possuidor de uma pequena parte de terra, a qual depois da sua morte, foi dividida entre os cinco filhos que ficaram, quatro homens e uma mulher. Eu sou o segundo filho. Quando completei oito anos fiquei órfão de pai e tive que trabalhar muito, ao lado de meu irmão mais velho, para sustentar os mais novos, pois ficamos em completa pobreza. Com a idade de doze anos, freqüentei uma escola muito atrasada, na qual passei quatro meses, porém sem interromper muito o trabalho de agricultor. Saí da escola lendo o segundo livro de Felisberto de Carvalho e daquele tempo para cá não freqüentei mais escola nenhuma, porém sempre lidando com as letras, quando dispunha de tempo para este fim. Desde muito criança que sou apaixonado pela poesia, onde alguém lia versos, eu tinha que demorar para ouvi-los. De treze a quatorze anos comecei a fazer versinhos que serviam de graça para os serranos, pois o sentido de tais versos era o seguinte: brincadeiras de noite de São João, testamento do Juda, ataque aos preguiçosos que deixavam o mato estragar os plantios das roças, etc. Com 16 anos de idade, comprei uma viola e começei a cantar de improviso, pois naquele tempo eu já improvisava, glosando os motes que os interessados me apresentavam. Nunca quis fazer profissão de minha musa, sempre tenho cantado, glosado e recitado, quando alguém me convida para este fim. Quando eu estava nos 20 anos de idade, o nosso parente José Alexandre Montoril, que mora no Estado do Pará, veio visitar o Assaré, que é seu torrão natal, e ouvindo falar de meus versos, veio à nossa casa e pediu à minha mãe, para que ela deixasse eu ir com ele ao Pará, prometendo custear todas as despesas. Minha mãe, embora muito chorosa, confiou-me ao seu primo, o qual fez o que prometeu, tratando-me como se trata um próprio filho. Chegando ao Pará, aquele parente apresentou-me a José Carvalho, filho de Crato, que era tabelião do 1º cartório de Belém. Naquele tempo José Carvalho estava trabalhando na publicação de seu livro *O matuto cearense e o caboclo do Pará*, o qual tem um capítulo referente a minha pessoa e o motivo da viagem ao Pará. Passei naquele Estado apenas cinco meses, durante os quais não fiz outra coisa, senão cantar ao som da viola com os cantadores que lá encontrei. De volta ao Pará, José Carvalho deu-me uma carta de recomendação, para ser entregue à Dra. Henriqueta Galeno que, recebendo a carta, acolheu-me com muita atenção em seu Salão, onde cantei os motes que me deram. Quando cheguei aqui na Serra de Santana, continuei na mesma vida de pobre agricultor; depois casei com uma parenta e sou hoje pai de numerosa família, para quem trabalho na pequena parte de terra que herdei de meu pai. Não tenho tendência política, sou apenas revoltado contra as injustiças, que venho notando desde que tomei algum conhecimento das coisas, provenientes talvez da política falsa, que continua muito fora do programa da verdadeira democracia.

Nasci a 5 de março de 1909. Perdi a vista direita, no período da dentição, em conseqüência da moléstia vulgarmente conhecida por Dor-d'olhos.

Desde que comecei a trabalhar na agricultura, até hoje, nunca passei um ano sem botar a minha roçazinha, só não plantei roça no ano em que fui ao Pará.

Serra de Santana, 10 de abril de 1995[2].

Antônio Gonçalves da Silva (O Patativa)

[2] Escrita antes de ser ditado o presente livro.

AO LEITÔ

Leitô, caro amigo, te juro, não nego,
Meu livro te entrego bastante acanhado,
Por isso te aviso, me escute o que digo,
Leitô, caro amigo, não leia enganado.

É simpre, bem simpre, modesto e grossêro,
Não leva o tempero das arte e da escola,
É rude poeta, não sabe o que é lira,
Saluça e suspira no som da viola.

Tu nele não acha tarvez, com agrado
Um trecho engraçado que faça uma escôia,
Mas ele te mostra com gosto e vontade,
A luz da verdade gravada nas fôia.

Não vá percurá neste livro singelo
Os canto mais belo das lira vaidosa,
Nem brio de estrela, nem moça encantada,
Nem ninho de fada, nem chêro de rosa.

Em vez de prefume e do luxo da praça,
Tem chêro sem graça de amargo suó,
Suó de cabôco que vem do roçado,
Com fome, cansado e queimado do só.

O poeta da roça

Sou fio das mata, cantô da mão grossa,
Trabaio na roça, de inverno e de estio.
A minha chupana é tapada de barro,
Só fumo cigarro de páia de mio.

Sou poeta das brenha, não faço o papé
De argum menestré, ou errante cantô
Que veve vagando, com sua viola,
Cantando, pachola, à percura de amô.

Não tenho sabença, pois nunca estudei,
Apenas eu sei o meu nome assiná.
Mau pai, coitadinho! vivia sem cobre,
E o fio do pobre não pode estudá.

Meu verso rastêro, singelo e sem graça,
Não entra na praça, no rico salão,
Meu verso só entra no campo e na roça,
Nas pobre paioça, da serra ao sertão.

Só canto o buliço da vida apertada,
Da lida pesada, das roça e dos eito.
E às vez, recordando a feliz mocidade,
Canto uma sôdade que mora em meu peito.

Eu canto o cabôco com suas caçada,
Nas noite assombrada que tudo apavora,
Por dentro da mata, com tanta corage
Topando as visage chamada caipora.

Eu canto o vaquêro vestido de côro,
Brigando com o tôro no mato fechado,
Que pega na ponta do brabo novio,
Ganhando lugio do dono do gado.

Eu canto o mendigo de sujo farrapo,
Coberto de trapo e mochila na mão,
Que chora pedindo o socorro dos home,
E tomba de fome, sem casa e sem pão.

E assim, sem cobiça dos cofre luzente,
Eu vivo contente e feliz com a sorte,
Morando no campo, sem vê a cidade,
Cantando as verdade das coisa do Norte.

Invocação a Leonardo Mota

Tu, que tanto elogiaste
O cantor da soledade,
Com tua morte deixaste
No sertão grande saudade.

No sertão, onde os violeiros
Cantam seus belos amores,
Compondo versos rasteiros,
Com rimas de várias cores.

No sertão, por onde outrora
Andaste, alegre e ditoso,
Escutando, à toda hora,
O som do pinho choroso.

Eu, que sou rude cantor,
Rogo a Deus por tua sorte
No meu pinho gemedor,
Pranteando a tua morte.

E ao mesmo tempo, louvando
A paz e a felicidade
Que vives hoje gozando
Na feliz eternidade.

Pois, se viveste a gozar
Ouvindo, ao som da viola,
A poesia popular
Do poeta sem escola.

Mais gozas hoje, entre o coro
Dos santos e dos arcanjos,
Entoada em arpas d'ouro
A melodia dos anjos.

Tu, que tinhas a virtude,
Com teu estro iluminado,
De fazer do cantor rude
Um ser privilegiado,

Lá do alto céu de esplendores
Roga a Jesus pela vida
De todos os trovadores
De nossa terra querida.

O puxadô de Roda

Seu moço, eu peço perdão,
Não tenha raiva de mim,
Mas a civilização
Faz coisa que eu acho ruim;
Os engenhêro mecano,
Francês, ingrês, mericano,
Se larga de seus coidado
E faz certos objeto
Pra buli com quem tá queto
No seu canto, sossegado.

Eu sei que seu moço dêxa
Eu contá minhas razão,
Pois eu tenho munta quêxa
Da tá civilização.
Escute, que eu vou dizê
Promode o senhô sabê,
E tê bem conhecimento
Do bicho que me incomoda:
Eu sou puxadô de roda,
De roda de aviamento.

Sim senhô, sou puxadô,
Naquele tempo passado,
Por todos agricurtô
Da serra eu fui percurado.
Vevia sem aperreio,
Sempre pegado no vêio
Mais o Chico da Ventura;
Nós era vê dois Sansão
De camisa de argudão
Amarrada na cintura.

Sei que o senhô não conhece
E tombém não adivinha
O lugío que merece
Uma casa de farinha;
Pois seu dotô tem vevido
Na capitá, invorvido
Na política danada,
Discuçando na Sembréia,
Não pode tê boa idéia
Do que é uma farinhada.

Pois bem, um aviamento
Quando pega a trabaiá,
É o mió divertimento
Que se pode maginá,
É a mió distração,
Tudo ali é união.
Prazê, alegria e paz,
Só se conveça em amô,
Pois todos trabaiadô
É sempre moça e rapaz.

Sinto o meu corpo gelá,
Meu coração triste chora
Quando eu pego a me lembrá
Das farinhadas de otrora,
Quando a roda eu sacudia,
Que ela zinia, zinia,
Zinia como um pião,
E tão depressa rodava,
Que a gente não divurgava
Se ela tinha vêio, ou não.

Gritando e dizendo graça,
Cantando e a jogá potoca,
Eu fazia virá massa
Um putuci de mandioca;
Não tinha quem me agüentasse,
Desmancha que eu trabaiasse
Corria com bom despacho;
Digo sem acanhamento,
Pra roda de aviamento
Seu moço, sou cabra macho!

Hoje tudo tá mudado,
Tudo que é bom leva fim,
Porém, naquele passado
Eu me orgúiava de mim!
De todos trabaiadô
Da desmancha, o puxadô,
Com sua força aprovada,
É sempre o mais preferido
E tombém o mais querido
Do povo da farinhada.

O puxadô não tem moca,
É tratado com amô,
Rapadêra de mandioca
É doida por puxadô!
As vez inté eu pensava
Que o meu coração virava
Mandioca e macachêra,
E as raiz era cevada
Por as tarisca amolada
Dos óio das rapadêra.

Seu moço, aquelas serrana,
Com os seus quicé nas mão,
Quando elas bate as pestana
Ninguém esmorece não!
Fica tudo corajoso,
Inté mêrmo o preguiçoso
Pode crê como trabáia
Munto mais do que o moinho,
Com o oiá e o carinho
Daqueles anjo de saia.

Quem nunca passou na serra
Um tempo de farinhada,
Perdeu a vida na terra,
Do mundo não gozou nada;
Pois ali, as cuzinhêra,
Rapadêra e lavadêra,
É cada quá mais contente,
Dando risada gostosa,
Alegre e dizendo prosa,
Jogando casca na gente.

Nunca mais se desarrancha
De minha arma delorida
A derradêra desmancha
Que eu trabaiei nesta vida;
Veve no meu pensamento
Nem gôzo nem sofrimento,
Do meu peito não desterra
A lembrança de Maroca,
Rapadêra de mandioca,
A fulô de nossa serra.

Maroca era munto nova,
Mas ah serrana interada!
Ela dava boa prova
De muié ajuizada.
Além de simpate e bela,
Parece que Deus fez ela
Mode sabê trabaiá;
Tinha jeito e tinha dote
Sozinha dava capote
Pra duas muié rapá.

E, além de trabaiadêra,
Tinha o caboge tombém
Dessas moça feiticêra
Que todo mundo qué bem;
Era uma dessas serrana
Que a fidarga praciana
Nos traço não arremeda,
Aquele anjinho composto,
Se era bem feito de rosto,
De corpo dizia — Arreda!

Quem tivesse reparado
Nessa franga de muié,
O corpo de balançando
No compaço do quicé,
Via no lugá dos peito
Dois catombinho bem feito,
Ficando assim parecido
Como dois pombinho fromoso,
Com seus biquinho teimoso
Querendo furá o vestido.

Parecia essa serrana
Uma santinha da igreja,
Não havia praciana,
Praiana nem sertaneja
Pra tê a beleza dela;
Era a mais linda donzela
Desta nossa redondeza,
Pois das casa de farinha
A Maroca era a rainha
No trabaio e na beleza.

Seu moço, fique ciente
Que as farinhada dagora,
Tudo é triste e deferente
Das farinhada de otrora.
Me lembro, nome por nome,
Das muié, também dos home;
Zé Reimundo era o fornêro,
E alegrava o povo todo
Pegado no pau do rôdo,
Cantando o Macambirêro:

"— Eu vou contá minha historа,
Ninguém diga que é mentira,
Inda ontem eu vi um véio
Lavradô de macambira.
Macambira é bom, é bom,
Lavradô de Macambira."

"— O véio Macambirêro
Vevia quage na tira,
Porém hoje quebra arpaca,
Palitó de gasimira,
Chapéu fino aguaribado,
Sapato de sola e vira."

"A muié do Macambira
Morava em casa de páia,
Só não se botou a tudo
Pruquê não tinha uma saia,
Porém hoje anda trajando
Seu vestido de cambraia."

"A muié do Macambira
Não tinha nem cabeção,
Porém hoje anda enfeitada
De vestido de balão,
Sapato de ringidêra,
Luva de seda na mão."

Esta e mais ôtas cantiga
Cantava o alegre fornêro,
Enquanto a serrana amiga
Namorada do prensêro
Se rindo e dizendo graça
Ia penerando a massa
Arva, cherosa e macia,
Assim, ao noivo ajudando,
Um segrêdo lhe contando
Que só os dois entendia.

Eu trago tudo guardado
Na minha maginação,
Inté um véio engraçado,
O Guilerme Botijão;
Este não era empregado,
Pois já tava fraquejado,
Era véio munto idoso,
Pra trabaiá não servia,
Mas porém ele sabia
Munta historа de trancoso.

Era alegre sem lundu,
Valia a pena se vê,
Sempre comendo beiju,
Tapioca e manuê,
Dizia, nas suas fala,
Que era da Serra das Bala,
Que fica nos Inhamun;
Este véio prazentêro
Tinha oitento e dois janêro
Escanchado no tum-tum.

Mas eita, véio sabido!
Ele sabia de có
Munto caso sucedido
No Crato e tombém no Icó.
Naquele tempo passado
Sentou praça e foi sordado.
Sempre vivia a contá
Que tinha sido valente,
Matou inté munta gente
Na Guerra do Paraguá.

Meio peito ainda parpita
Cheio de rescordação
Dessas histora bonita
Que contava o Botijão.
Mas hoje, nas farinhada,
Nem histora, nem toada,
Nem mêrmo adivinhação.
Tudo é tristeza e deslêxo
E eu, seu moço, só me quêxo
Do diabo das invenção.

Seu moço, uma farinhada
Foi durante a minha vida
A coisa mais animada,
Mais boa e mais divertida
Que eu já encontrei na terra;
Mas quando chegou na serra
O danado do motô,
Este estrangêro enxerido,
Fazendo grande alarido,
O meu prazê se acabou.

Hoje a serra tá mudada,
Uma desmancha não presta;
De premêro, a farinhada
Pra mim era a mió festa,
Mas perdi todo o prazê
Quando vi aparecê
Esta horrive novidade
Fazendo um doido baruio,
Cheio de império e de orgúio,
Fedendo a civilidade.

Era boa a vida minha,
E o tempo não era mau
Quando as casa de farinha
Só tinha roda de pau.
Quando os galo miudava,
Os trabaiadô já tava
Cantando suas toada,
Mas o diabo da ingresia
Tirou toda a poesia
Que havia nas farinhada.

Com aquela berradêra
Foi tudo perdendo a fé,
Arguma das rapadêra
Abandonaro os quicé.
Dêrne o premêro momento
Que entrou nos aviamento
O danado do motô,
A encantadora Maroca
Nunca mais rapou mandioca,
Com pena dos puxadô.

Motô, tu é um castigo!
Bicho feio, sem futuro,
Sou sempre o teu inimigo,
Te dou figa e desconjuro
Do meste que te inventou,
Mode este teu pôpôpô,
Que aborrece e que incomoda.
Ninguém vê mais os cabôco
Que gritava dando sôco,
Puxando os vêio da roda.

Tu é o pió instrumento
Que já fizero na terra,
Acabou o divertimento
De riba da nossa serra;
Eu morro e não te perdôo,
Safado, eu te amardoçôo
Com toda a tua zoada,
Em nome das rapadêra,
Lavadêra e cunzinhêra
Das alegre farinhada.

Chiquita e mãe véia

Quando a lua vai descendo
Minha dô vai omentando,
Apois quando eu vejo a lua
Fico triste, me lembrando,
Me lembrando com sodade
Da beleza e da bondade
De um anjo que Deus me deu.
Uma menina bonita
Que se chamava Chiquita
E tanto brincou mais eu.

Chiquita era a mais bonita
Das menina desta terra,
Arva cumo aquela lua
Que nasce detrás da serra;
Seu cabelo fino e lôro
Tinha uma mistura de ôro
Que a gente via briá.
Sua boca, pequenina,
Corada, como a bonina,
E os óio da cô do má.

Quando ela tinha seis ano,
Eu seis ano tombém tinha,
A minha casa era dela,
E a casa dela era minha.
Quando eu não ia pra lá
Chiquita vinha pra cá.
Era assim que nóis vevia,
Como dois pombo inocente
Ela se rindo e eu contente,
Querendo o que ela queria.

De menhãzinha, bem cedo,
Despois do só apontá,
Mãe Véia chamava nóis
Mode aprendê a rezá.
Quando Mãe Véia chamava,
Nóis ia e se ajoeiava
Como se faz na Igreja.
E Mãe Véia, paciente,
Ia dizendo na frente:
— Bendito e lovado seja
Nosso Deus, nosso Jesus,
Que pra nos livrá das curpa
Morreu pregado na cruz.

Seja lovada também
A Virge Nossa Senhora,
Lá no Reino da Gulora,
Pro sécro, sem fim, amém.

Despois da reza, nóis ia
Correndo de braço dado,
E no quintá da cazinha
O meu premêro coidado
Era tirá uma rosa,
Das mais bonita e chêrosa
Pra botá no seu cocó.
Naquele tempo feliz,
Nós era, cumo se diz,
Dois ané num dedo só.

Ela corria atrás d'eu
E eu atrás dela corria.
A gente nem dava fé
De que tamanho era o dia.
Tudo era gosto e prazê,
Ninguém pensava em morrê,
Uma vidinha tetéia
Nóis dois vivia gozando,
Ou no terrêro brincando,
Ou no colo de Mãe Véia.

Tinha no nosso terrêro,
Num pé de jacarandá,
Sobre um gancho de três gaio,
Um ninho de sabiá.
Se eu vê os pinto queria,
No jacarandá subia,
Chiquita ficava em baxo
Pruque Mãe Véia dizia
Que as muié não se subia
Nos pau, com os home macho.

Mas eu trazia os pintinho
Pra Chiquita vê tombém,
E ela bejava, se rindo,
Chamando eles de meu bem.
Despois eu arrecebia
E com eles me subia,
Mas porém bem devagá,
Cumo quem pega num ovo.
E botava os pinto novo
No nonho do sabiá.

De noite, a lua trazia
A sua quilaridade,
Querendo tombém tê parte
Na nossa felicidade.
Vinha alumiando a terra
Por detrás daquela serra
Tão redonda, tão bonita,
Mas eu muntas vez pensava
Que aquela lua invejava
A beleza de Chiquita.

Muntas vêz, nóis no terrero,
Tudo sentado no chão,
Mãe Véia contava histora
Iscoroçando argodão.
Falava em Nosso Senhô
Quando neste mundo andou,
Também em Nossa Senhora
E nôtas coisa engraçada.
Ah! muié abençoada
Pra sabê contá histora!

Mas aquelas coisa boa
Desapareceu da terra.
Só a lua ainda nasce
Por detrás daquela serra.
Ela é sempre a mesma lua,
Com a mêrma beleza sua
Que Nosso Senhô lhe deu.
Eu tô deferente e triste,
Mãe Véia já não existe,
Chiquita tombém morreu.

A mêrma lua inda tem
A sua luz cô de prata,
E eu só tenho no meu peito
Esta dô que me maltrata.
A vida é tão esquisita!
Nem Mãe Véia, nem Chiquita,
Tudo, tudo se acabou!
Pois inté o jacarandá
Do ninho do sabiá
Veio o vento e derrubou.

A escrava do dinheiro

Boa noite, home e menino
E muié deste lugá!
Quero que me dê licença
Pra uma historia contá.
Como matuto atrasado
Eu dêxo as língua de lado
Pra quem as língua aprendeu,
E quero a licença agora
Mode eu contá minha historia
Com a lingual que Deus me deu.

Mas ante de eu começá,
Eu premeramente vou
Dizê que o dinheiro é
O maió tresformadô,
Apois sabe o mundo intêro
Que este bichinho dinhêro,
Com sua força e podê,
A sua manha, o seu jeito
Tem feito munto sujeito
Sisudo se derretê.

Dinhêro tresforma tudo,
Dinhêro é quem leva e traz,
Eu nem quero nem dizê
Tudo o que o dinhêro faz.
Apenas aqui eu conto
Que ele pra tudo tá pronto,
Ele é cabrêro e treidô,
É carrasco e é vingativo,
Só presta pra sê cativo,
Não presta pra sê senhô.

A pessoa neste mundo
Bota o pé na perdição
Quando ela dêxa o dinhêro
Governá seu coração.
Pra o povo que tá me uvindo
Não dizê que eu tou mentindo
Eu vou agora contá
Uma historа pequenina,
A historа de Regina,
Pra ninguém me duvidá.

Regina era minha noiva,
Meu amô, minha inlusão.
A morena mais bonita
Do meu querido sertão.
Seus grandes óia prefeito
Fazia quarqué sujeito
Tropeçá no brocotó,
Era vê no mês de maio
Dois grande pingo de orváio
Tremendo na luz do só.

Os seus laibo era corado
Como a cera da cupira;
A fala tinha a doçura
Do favo da jandaíra.
O nariz bem afilado,
Cabelo preto e anelado
Da cô da pena do anum;
Todos que conheceu ela
Dizia que era a mais bela
Do sertão dos Inhamun.

E era mermo a mais bonita,
Quem conheceu inda diz,
Ela tinha a prefeição
Da Santa lá da Matriz
Quando na festa se enfeita.
Se as mão dela era bem feita,
Mais bem feito era os seus pé,
Voismicêis pode crê:
Valia a pena se vê
Essa franga de muié.

Mas dêrna de eu pequenino
Que eu oiço o povo dizê
Que no mundo um bom sem farta
Não houve, nem pode havê.
Pra que coisa mais fromosa,
Mais bonita e luminosa
De que a pinta da corá?
Mas ela tem um veneno
Que mata o grande e o pequeno,
Triste do que ela pegá!

Ninguém lê nos coração,
E este mundo é um imbé,
Onde o cabra engole delas
Que o diabo enjeita e não qué.
Muitas coisa se padece
Só porque ninguém conhece
No mundo véio, infeliz,
Onde é que a bondade mora;
Às vêz, o que é bom por fora
Por dentro não vale um xis.

Regina tinha um defeito
Que eu não posso perdoá:
Era escrava do dinhêro,
Era tôda de metá...
Quando ela às vêz me falava
No luxo que desejava
Pulsêra, colá, cordão,
Vestido de seda e crepe,
Era mêrmo que uns estrepe
Furando em meu coração.

Ora, sendo eu um cabôco
Dos mato, assim como sou,
Que só pissuo uma roça
E um cavalo corredô,
Quando essas coisa escutava
Meu juízo latejava
Num reboliço sem fim.
Não acabava o noivado
Porque tava enraizado
Esse amô dentro de mim.

Eu tava louco de amô,
Queria mêrmo casá.
Já tinha inté preparado
A casa pra nóis morá.
O pai dela e seus parente
Já tava tudo ciente
Da nossa santa união.
O povo todo sabia
Que nóis casava no dia
Do mártir Sebastião.

Vinha chegando janêro,
Era vespra de Natá;
Foguete de toda sorte
Subia rompendo o á;
A meninada em folia
Brincando se divertia
Com traque, com buscapé,
E as moça e seus namorado,
Cada quá mais animado
Rodava nos carrossé.

Os cabôco mais farrista
Devorava aqui e ali
Um tragozinho gostoso
De cana do Cariri.
E o beato Zé Perêra
Com as muié rezadêra
E outras famía de bem,
Todos de prazê repreto
Preparava os objeto
Da lapinha de Belém.

Eu era naquele dia
O mais feliz do sertão;
Passeava com Regina
Segurado em sua mão,
E era por este respeito
Que eu tava bem satisfeito,
Alegre como xexéu
Na cajazêra cantando
Quando o só vem apontando,
Beijando as nuve do céu.

Mas é certo aquele dito:
Dos véio antigo de atrás:
Que o cão não come nem bebe
Senão das arte que faz.
Naquela noite de festa
Eu vi o diabo de testa,
Coisa de fazê tremê,
E embora forte e disposto,
Senti o maió desgosto
Que o home pode sofrê.

Chegou num carro de luxo,
Mandado não sei por quem,
Um desses home perdido
Que este nosso mundo tem,
Todo pronto, engruvatado,
Não sei por quem foi mandado
Aquele crué dragão.
Que chegou ali somente
Mode entristecê a gente
Daquela pavoação.

Pelo jeito parecia
Que o sujeito era ricaço,
Tinha um relojo no peito
E ôto na cana do braço.
E mais ôtas fantasia,
Na hora que ele se ria
A bôra era ôro só,
E além dos ôro dos dente,
Uma bonita corrente
Na gola do palitó.

Era alinhado devera
Aquele rico freguês,
Uns três anelão no dedo,
No nariz uns pichinez;
Não pude sabê seu nome,
Nem tombém aquele home
Aonde era moradô.
Só sei que quando falava
Na sua conversa dava
As parença de um dotô.

A sua fala não era
Como as fala do sertão.
Tinha todo o riquefife
Das coisa da inducação,
Mas não valia de nada,
Era inducação formada
De pena, tinta e papé.
Era inducado no jeito,
Mas tinha dentro do peito
Veneno de cascavé.

Naquela noite de festa,
Provou com seu mau costume
Que a inducação dele era
Fora do santo rejume.
Quando ele oiou pra Regina,
Pra beleza da menina,
Vi logo que ele ficou
Mardando e se penerando
Como gavião oiando
Pra rôla fogo-pagou.

Regina oiava pra ele
Mas nem pensá em xodó,
Suaceguêra era o enfeito
Da gola do palitó,
Eu tava vendo e sabia
Que não era simpatia
Era inveja, era imbição,
Não era amô nem caboge,
Era os ôro, era o reloge,
A corrente e os anelão.

Agora vocemincêis
Preste atenção e me escute,
Pra sabê como o dinhêro
Faz a pintura do fute.
Apois aquele sujeito,
Me fartando com respeito
E abrindo pertinho d'eu
Um borsa atopetada
De nota verde e rajada,
Regina se derreteu.

Regina se transformou
E com inveja sem fim
Piscava os óio pro cara,
Sem querê sabê de mim.
E pra encurtá minha histora,
Mais tarde umas certas hora
Qué sabê o que ela me fez?
Me engabelou sem escrupo
E logo, traz-zás num vupo,
Foi-se embora com o freguês.

Pras banda do Piôí
O descarado azulou,
Com Regina, a sertaneja,
A causa da minha dô.
Por isso é que eu disse e digo,
Dinhêro é grande inimigo,
Dinhêro é farso e crué,
E ainda mais faz afronta
Quando ele toma conta
De um coração de muié.

Ninguém vá pensá que eu conto
Historа que uvi contá,
Isto se passô comigo
Numa noite de Natá,
Vinte e quatro de dezembro.
Inda hoje, quando me lembro
Daquela farsa Regina,
Daquela ingrata cabôca,
Eu sinto no céu da boca
Um gosto de quina-quina.

Já tou véio e sou casado,
Não tenho mais inlusão,
Mas inda vejo Regina
Na minha maginação,
Essa mágua inda padeço,
Pelejo, mas não me esqueço
Do má que ela fez a mim,
Inda me fere e me dói,
Não sei pra que Deus estrói
Beleza com gente ruim.

Ô natureza de cobra!
Bem dizia o meu avô
Que há gente pra tudo e sobra
Neste mundo enganadô.
Eu fiquei horrorizado,
Quage doido, amalucado,
De vê aquela muié
Se atravancá nos abismo
Por causa de um argarismo
E uns pedaço de papé.

Dinhêro é um fogo ardente
Que faz munto coração
Se derretê como cera
Na quentura do tição.
Dinhêro tresforma tudo,
Faz de um alegre um sisudo,
Dá nó e desmancha nó,
E finamente o dinhêro
É o maió feiticêro,
É o Reis do Catimbó.

Assaré

Assaré! Meu Assaré!
Terra do meu coração!
Sempre digo que tu é
O lugá mió do chão.
Me orgúio quando me lembro
Que tu também é um membro
Do valente Ceará.
P'ra mim, que te adoro tanto,
Te jurgo o mió recanto
Da terra de Juvená.

Foi aqui, foi nesta Serra
De Santana, onde nasci,
Que da água de tua terra
A premêra vez bebi.
Nesta Serra, eu pequenino,
No meu vivê de menino,
Tão inocente, tão puro,
Dei as premêra passada,
Triando as tuas estrada
No rumo do meu futuro.

Eu sou um dos teus cabôco
Que toda a vida te quis,
E não invejo nem pôco
O resto do meu país.
Eu aqui tou sossegado.
No teu seio incalocado,
De tudo eu gozo contente:
Do crima, saúde franca,
Da noite, uma lua branca,
Do dia, um só resprendente.

Tanto te quero e dou parma,
Que às vêz à lembrança vem
Que tu tem corpo e tem arma
Como toda gente tem.
Quando saio da paioça
Mode trabaiá na roça
Prantando mio e fejão,
Eu inté penso que peco
Em batê meu enxadeco
Em riba deste teu chão.

Não quero que chegue a hora
D'eu de tu me separá,
P'ra saí de mundo afora
Cuma cigano, sem lá.
Se aqui foi meu nascimento
Te juro, digo e sustento
Que é de vivê sempre aqui,
Do sertão até na serra,
No punhadinho de terra
Do nosso grande Brasi.

Quero a minha vida intêra
Aqui, te vendo e te amando.
E não é brincadêra
Que eu te juro cantando,
Quando na viola toco:
Que não te dou nem te troco
Por terra de seu ninguém.
Quero é que Deus me dê vida,
Uma vida bem comprida
P'ra gozá do que tu tem.

O vento assopra manêro
Durante os teus mês de estio,
Trazendo um certo tempero
Que não faz calô nem frio.
E no tempo da invernada
Canta alegre a passarada
Cada quá sua canção,
E a garça de branca pena
Encruza as água serena
Do rio dos Bastião.

Tuas nuve arreunida
Traz, quando as águas derrama,
Sossego, alegria e vida
Nos coração de quem ama.
Cumo é belo a gente oiá
As água cô de cristá
Quando corre no riacho!
Parece dentro da mata
Uma cobrona de prata
Descendo de serra abaxo.

Tudo escuta e tudo vê
Quem por as brenha passeia.
Canta a linda zabelê,
Zôa o enxame de abêia,
E o cipó laça-vaquêro
Se atrepa e faz um barsêro
Por riba do cramunzé,
Cumo cobra que se enrosca,
E o vento fazendo cosca
Na copa das catolé.

Da baxa inté na chapada
Tudo é paz, tudo é beleza,
Gozando a musga animada
Da festa da natureza.
Vai fazendo pirueta
Um cordão de brabulêta
Arrodeando as lagoa.
Tudo forga de contente,
Por toda parte se sente
Um chêro de coisa boa.

O sabiá e o sofreu,
O canário e outros tanto,
Com as voz que Deus lhe deu,
Cada um sorta o seu canto.
E o beija-fulô penera
Nas fulô da primavera,
Chêrando o doce prefume,
E afiná tem fromosura
Inté tua noite escura,
Pintada de vagalume.

Toda essas coisa que eu digo
E outras que não sei dizê
Tu tem, Assaré amigo:
Quem nunca viu, venha vê.
Se é cantando estas beleza
Que a minha arma aqui tá presa,
E o coração preso aqui,
Sou o mais feliz dos cabôco,
E não invejo nem pôco
O resto do meu Brasi.

Mas, meu Assaré amado,
Sinto mundo a tua sorte!
Tu é dos mais deserdado
Daqui das banda do Norte.
Tu nada goza da historia,
Não tem fama nem gulora,
Nunca arguém te protegeu.
Tu só tem essas riqueza,
As coisa da Natureza,
Que Nosso Senhô te deu.

Eu também, meu Assaré,
Sou pobre, quage de esmola;
Sou assim como tú é,
Só pissuo esta viola.
Nasci e me criei nos mato,
Sem palitó, sem sapato,
E sem recebê lição.
Pobre, sem nada, na rapa,
Não conheço nem as capa
Dos livro de estudação!

Não posso te potregê,
Nada tenho pra te dá,
Mas porém quando eu morrê
Com razão vou te dêxá
Uma pequena lembrança,
Uma pequenina herança,
Em prova do meu amô:
O nome de um passarinho,
Uma viola de pinho
E os verso de um cantadô.

Não te dêxo abandonado.
Durante enquanto eu vive,
Eu é de tá ao teu lado
Te ajudando a padecê.
Nunca, nunca te desprezo,
E todas vez quando rezo
Te encomendo horas intêra
À Santa que mais se adora,
À Virge Nossa Senhora,
Tua santa padroêra.

Quando em tua igreja vou
Fazê minhas oração,
Com amô e com frevô
Mode te dá proteção
A Nossa Senhora peço.
Pruquê a luz do proguesso
Tu não tem na tua vida,
É tão grande o teu sofrimento,
Tu não pissui carçamento,
Nem colejo, nem vinida.

Tu também não tem cinema,
Também não tem hospitá,
Véve preso nas argema
Sem ninguém te libertá.
É grande a dô que padece,
Quem te visita conhece
A tua situação.
Véve sofrendo um desprezo
Como o crimonoso preso,
Peado do pé p'ra mão.

Tu é o mêrmo Assaré
Do véio tempo passado,
Sem esperança, sem fé,
De rôpa xuja e barbado.
Teu sembrante nunca muda,
Só pruquê ninguém te ajuda.
Que seja inverno ou estio,
Sempre é triste, dando ai!
Tu é como um véio pai
Abandonado dos fio.

Conheço cidade rica
Que quem repara, tá vendo
Que quando mais véia fica,
Mais nova tá parecendo.
Mas tu, Assaré querido,
Véio, cacundo, incuído,
Com os óio fito pro chão,
Não tem conforto nem nome!
Só é lembrado dos home
Quando é tempo de inleição.

Mas tu, meu torrão que chora,
Vai suportando o desgosto
Inté que uma nova orora
Venha briá no teu rosto.
Pode sê, minha cidade,
Que um dia a felicidade
Te alevante do paú
E a Divina Providença,
Com o seu podê e cremença
Mande um oxilo p'ra tu.

Não fique no desengano,
Neste desgosto profundo
Que a desfilada dos ano
Traz tudo no véio mundo.
Vai aguentando este escuro,
Que um dia no teu futuro
Pode sê que chegue a vez
De teus fio ajoeiado
Se arrependê dos pecado,
Dos grande má que te fêz.

E agora, Assaré amigo,
Peço descurpa e perdão
Destas coisa que te digo
Com pesar no coração.
Se acha que tou te ofendendo
Dispense o que tou dizendo,
Me perdoe por caridade,
De falá pubricamente
Descobrindo a toda a gente
A tua necessidade.

Satisfazendo um desejo
Que sempre me acompanhava,
Como cantô sertanejo
Eu fui vê se te cantava,
Meu torrão querido e nobre.
Mas te vendo assim tão pobre,
Tão pobre, tão sem recuço,
Quebrou-se a minha viola
E os verso em minha cachola,
Se acabou tudo em saluço.

A TRISTE PARTIDA

Setembro passou, com oitubro e novembro,
Já tamo em dezembro.
Meu Deus, que é de nóis?
Assim fala o pobre do seco Nordeste,
Com medo da peste,
Da fome feroz.

A treze do mês ele fez esperiença,
Perdeu sua crença
Nas pedras de sá.
Mas nôta esperiença com gosto se agarra,
Pensando na barra
Do alegre Natá.

Rompeu-se o Natá, porém barra não vêio,
O só, bem vermêio,
Nasceu munto além.
Na copa da mata buzina a cigarra,
Ninguém vê a barra,
Pois barra não tem.

Sem chuva na terra descamba janêro,
Despois feverêro,
E o mêrmo verão.
Entonce o rocêro, pensando consigo,
Diz: isso é castigo!
Não chove mais não!

Apela p'ra maço, que é o mês preferido
Do Santo querido,
Senhô São José.
Mas nada de chuva! Tá tudo sem jeito,
Lhe foge do peito
O resto da fé.

Agora pensando seguí ôtra tria,
Chamando a famía
Começa a dizê:
Eu vendo meu burro, meu jegue e o cavalo,
Nóis vamo a Sã Palo
Vivê ou morrê.

Nóis vamo a Sã Palo, que a coisa tá feia;
Por terras alêia
Nóis vamo vagá.
Se o nosso destino não fô tão mesquinho,
Pro mêrmo cantinho
Nóis torna a vortá.

E vende o seu burro, o jumento e o cavalo,
Inté mêrmo o galo
Vendêro também,
Pois logo aparece feliz fazendêro,
Por pôco dinhêro
Lhe compra o que tem.

Em riba do carro se junta a famia;
Chegou o triste dia,
Já vai viajá.
A sêca terrive, que tudo devora,
Lhe bota pra fora
Da terra natá.

O carro já corre no topo da serra.
Oiando pra terra,
Seu berço, seu lá,
Aquele nortista, partido de pena,
De longe inda acena:
Adeus, Ceará!

No dia seguinte, já tudo enfadado,
E o carro embalado,
Veloz a corrê,
Tão triste, coitado, falando sodôso,
Um fio choroso
Escrama, a dizê:

— De pena e sodade, papai, sei que morro!
Meu pobre cachorro,
Quem dá de comê?
Já ôto pregunta: — Mãezinha, e meu gato?
Com fome, sem trato,
Mimi vai morrê!

E a linda pequena, tremendo de medo:
— Mamãe, meus brinquedo!
Meu pé de fulô!
Meu pé de rosêra, coitado, ela seca!
E a minha boneca
Também lá ficou.

E assim vão dêxando, com choro e gemido,
Do berço querido
O céu lindo e azú.
Os pai pesaroso, nos fio pensando,
E o carro rodando
Na estrada do Sú.

Chegaro em Sã Palo — sem cobre, quebrado.
O pobre, acanhado,
Procura um patrão.
Só vê cara estranha, da mais feia gente,
Tudo é diferente
Do caro torrão.

Trabaia dois ano, três ano e mais ano,
E sempre no prano
De um dia inda vim.
Mas nunca ele pode, só véve devendo,
E assim vai sofrendo
Tromento sem fim.

Se arguma notiça das banda do Norte
Tem ele por sorte
O gosto de uvi,
Lhe bate no peito, sodade de moio
E as água do oio
Começa a caí.

Do mundo afastado, sofrendo desprezo,
Ali véve preso,
Devendo ao patrão.
O tempo rolando, vai dia, vem dia,
E aquela famia
Não vorta mais não!

Distante da terra tão sêca tão boa,
Exposto à garoa,
À lama e ao paú,
Faz pena o nortista, tão forte, tão bravo,
Vivê como escravo,
Nas terra do Sú.

Meu premêro amô

Meu inlustre cidadão,
É chegada a casião,
Cumo tou no seu salão,
Eu quero, se fô possive,
A sua licença agora
Mode eu cantá meia hora,
Contando uma grande historа
Do premêro amô que eu tive.

O senhô fique ciente
Que eu já gozei, já fui gente,
Tive um amô inocente,
Um anjo todo ajeitado,
E desse amô não me esqueço
Por ele ainda padeço.
Vou lhe contá do começo
Sem dexá nem um babado.

Eu penso que vamincê
Já deve bem conhecê
Um casebe que se vê
No caminho do Toá.
Tem uma roça premêro,
Com grossa mata no acêro,
E por siná no terrêro
Tem um pé de jatobá.

Apois aquela paioça
Do lado daquela roça,
Junto àquela mata grossa,
Foi otrora meu prazê.
Aquela véia cazinha
Era a doce inlusão minha,
Um tá encanto ela tinha
Que eu inté não sei dizê.

Mas hoje aquele casebe
Quando meus oio precebe,
Meu coração arrecebe
Um gorpe de grande dô.
Pruquê naquela paioça,
Do lado daquela roça,
Junto àquela massa grossa
Viveu meu premêro amô.

Ali nasceu Margarida,
Tão mimosa e tão querida,
A vida da minha vida
E dos meus sonho a visão.
Era uma linda cabôca
Que cumo aquela, bem pôca;
Tinha um rizinho na boca,
De doê no coração.

Era simpate e fromosa,
Mais bonita do que a rosa
Depois da noite chuvosa,
E tinha mais o que vê
De que as donzela encantada
De munta historia engraçada
Que a minha vovó, coitada!
Contava ante de morrê.

Os óio valia a pena,
A boca, um tanto pequena,
Sua cô era morena,
Um moreno regulá.
E corada como trinta
Nunca precisou de tinta,
Tinha inté horrô das pinta
Das moça da capitá.

O seu amô era eu só,
Não queria ôto xodó,
Podia vim seu majó
Que ela não dava tenção.
Dizia que esses gaiato
De gruvata e de sapato
Só ama as moça do mato
Promode fazê treição.

Eu tombém munto lhe amava
E tanto lhe apreciava
Que três dia eu não passava
Sem andá na casa dela.
Todo dias nóis se via,
Quando ela não vinha, eu ia,
O bem que ela me queria
O mêrmo eu queria a ela.

Meu prazê maió na vida
Era tá com Margarida,
Aquela fulô querida
Que tanto prazê me deu;
O que é bom ningum enjoa,
Mas a coisa quando é boa
Passa depressa que avoa,
Deste jeito aconteceu.

No inverno de trinta e um,
Na terra dos Inhamun
Houve bem pôco jirmum,
Mas deu mio e deu fejão
Que a gente não esperava,
O povo alegre forgava,
De noite o samba roncava
Em todo o nosso sertão.

O rio não deu enchente
Mas não se perdeu semente,
Vivia o povo contente,
Que o ano inté não foi mau.
Cumo havia bom desejo
No pessoá sertanejo,
Se fez um grande festejo
No lugá São Nicolau.

Pra festa foi todo mundo,
Foi o bom e o vagabundo,
Menino, véio cacundo,
Home casado e rapaz,
Foi o pobre e foi o rico,
E ali não hôve fuxico,
Pilera nem mexerico,
Gozáro na santa paz.

Nesse festejo incelente
Eu cantei munto repente,
Tava fôfo de contente
Com Margarida de lado.
Apois me diga o senhô
Quá é este cantadô
Que perto do seu amô
Não canta desenrolado?

Eu cantei munto animado
Sete dia encarriado,
E não era decorado,
Cantei tudo de cabeça!
Ô festa boa dos diabo!
Cantei que quage me acabo
Quarta, quinta, sexta, sabo,
Domingo, segunda e têça.

Foi festão de arrancá tôco
Só se uvia era pipoco,
As tocêra de cabôco
Vinha com mais de três légua.
De tudo a gente encrontava,
Comia do que gostava,
Com dois tostões se comprava
Um bolo que era um paidégua!

Mas porém veio despois
O ano de trinta e dois,
Não deu mio nem arroz,
Nem jirmum e nem fejão.
E o pobre do Ceará,
Que não quis se retirá
Teve que se sujeitá
Na tá de concentração.

Eu fiz uma pinião:
Não fui à concentração
Pra não comê de ração
Dentro daquele tijuco.
Em vez de comê de esmola,
Dei vorta em minha cachola,
Ajeitei minha vida
E pisei pro Pernambuco.

Antes de seguí viage,
Percisava tê corage
Pra dizê àquela image
Que eu ia dexá o sertão.
Embora que eu fosse vê,
Percisava lhe dizê
A minha resolução.

Apois ela ainda tava
Na paioça onde morava,
Pruquê seu pai trabaiava
E não era home vadio.
Não havia na cazinha
Fejão, arroz e farinha,
Mas no paió inda tinha
Umas espiga de mio.

Eu fui com munto respeito,
Me fazendo satisfeito,
Percurando todo jeito
Pra podê me despedi.
Mas Margarida, coitada!
Fez uma grande zoada
Pedindo mode eu não í.

— Por Deus! Por Nossa Senhora!
Meu amô não vá se embora,
Tenha mais uma demora,
Vamo escapá por aqui...
Me pedia e me rogava,
Não promiti que ficava,
Só pruquê minha palavra
É um tiro de fuzí.

Mas jurei de coração
Que nessa separação
Se encontrasse casião
Lhe arremetia de lá
Uma carta ou um biête,
E despois do repiquete
Vortava como um foguete
Promode nóis se casá.

Ela, sabendo que eu ia,
Quage nem falá podia,
Sua rôpa estremecia
No sopapo do soluço
Eu já pra não resisti
Sentia o sangue fugí,
Mas o jeito era seguí,
Não havia ôto recuço.

Dei adeus à Margarida
Dêxei a minha querida
E fiz a minha partida
Trespassado de desgosto.
Ela ficou na latada,
Numa fruqia encostada,
Chorando desconsolada
Com as duas mão no rosto.

Eu saí bem vagaroso,
Tão triste e tão pesaroso,
Como sordado medroso
Que vai marchando pra guerra,
Só pruquê ali dêxava
Quem por mim tanto chorava,
A moça que eu mais amava
No sertão da minha terra.

Já passava de mei-dia.
Tanta quentura fazia
Que às vêz nas venta eu sentia
Cumo um chêro de esturrico.
O só era tão ardente,
As areia era tão quente
Que parecia que a gente
Pisava em brasa de angico.

Eu caminhei e caminhei,
Na Serra Grande cheguei,
Com três dia descambei
A ladêra das Guariba.
Foi isso no mês de maço
Daquele ano tão escasso,
Que obrigou munto ricaço
Ficá em cara pra riba.

Entrei na ôta sumana
Nas terra pernambucana,
Mas a sodade tirana
De Margarida eu sentia;
Acordado, eu me lembrava
E drumindo, eu assonhava;
Quanto mais longe ficava,
Mais a sodade crescia.

No acêro daquele Estado
Tava tudo afregelado,
O povo todo apertado,
Sem jeito com que passá.
Eu vendo essa percisão
Cacei ôta dereção,
Atravessei o sertão,
Fui batê no litorá.

Lá, percisão não havia;
Não se passava um só dia
Que com minha cantoria
As coisa eu não arranjasse.
Só não tinha Margarida,
A estrela da minha vida,
Mas a respeito a comida
Tudo pra mim era fáci.

Topei muntos cantadô,
Cumo bem: Beija-Fulô,
Bemtevi, Miguel Bidô
E um tá de Chico Tamanca;
Tinha tombém Curió,
Passo Preto e Rixinó,
Peitica, José Socó
E o Mané Cabeça-Branca.

Quage tudo era de cá,
De Paraíba e Ceará,
Que andava atrás de escapá
Da grande afregelação,
Cantando nos instrumento
Mode ganhá o alimento,
Com medo do sofrimento
Crué da concentração.

Esse tá Miguel Bidô
Era cabra cantadô,
Mas porém ele encrontou
Um poeta resorvido.
Sempre onde nós se encrontava
Um desafio cantava,
Chega o pessoá ficava
Tudo de quêxo caído.

Era uma grande folia
De prosa e de cantoria,
Porém não tinha alegria
O meu pobre coração.
Pruquê vivia lembrando
Do meu amô adorado,
Que eu aqui tinha dêxado
Na paioça do sertão.

Bem sabe vossemincê
Que a pessoa que se vê
Osente dum bemquerê
Nada pode desfruitá.
Só não pode sê assim
Quando é um sujeito ruim,
Dos que veve com moitim
E não sabe o que é a má.

Pra tudo o mundo tem gente,
Tem pessoa que não sente
A chama do amô ardente
No coração atiçada!
Mas sendo um cabra poeta,
Quando a lembrança encasqueta,
Se arvoroça e só se aqueta
Quando vê a namorada.

Por isso eu fiz o meu prano,
E quando passou o ano,
Dêxei os pernambucano
Das terra do litorá
E vortei munto apressado,
Com a viola dum lado,
Fedendo a chifre queimado
No rumo do Ceará.

Sapequei o pé na estrada
Sem prestá tenção a nada;
Às vêz eu dava topada;
Chega saía de venta;
Mas eu nem sentia a dô,
Apois bem sabe o senhô
Que à percura de um amô
Tudo com gosto se aguenta.

Eu não vou contá vantage
Nem digo por pabulage,
Mas trazia da viage
Duas nota de quinhento,
Que dava mode eu comprá,
Chegando no Ceará,
Chapéu, sapato, enxová
E os ané do casamento.

Com tanta sodade eu tava
Que inté de noite eu andava,
E tanto que eu já me achava
Com o corpo todo doído.
Mas quem ama não se aperra,
Desci serra e subi serra,
E afiná cheguei nas terra
Do meu Ceará querido.

Zombando dos aperreio,
De alegria eu vinha cheio;
Chegando naqueles meio
Do caminho do Toá;
De um tabulêro que tem
Eu avistei munto além
Na paoiça do meu bem
A copa do jatobá.

Eu passei o tabulêro
Depressa, munto ligêro,
Quando ceguei no terrêro
Vi as porta escangaiada;
Entonce entrei na casinha,
Fui da varanda à cunzinha
E cacei na camarinha:
Nem Margarida, nem nada!

Virei, mexi, não vi ela
Nem sua mãe Felisbela,
Nem tombém vi o pai dela,
O véio José Henrique.
Tava tudo arrevirado,
Da casa inté no cercado;
Fiquei tão agoniado
Que me deu um tremelique.

Cacei por todos os lado,
Percurando com coidado
Pra vê se tinha dêxado
Pra eu arguma encomenda;
Mas porém não achei nada,
Só uma cuia quebrada
E uma pequena munfada
Onde ela fazia renda.

A paioça arrodiei
E nem os rato encrontei;
Nesse momento chorei
Como chora um desvalido.
Não podendo me contê,
Percurei logo sabê,
Mas ninguém sôbe dizê
Que é que tinha acontecido.

Apenas arguém contou
Que quando a fome apertou,
Seu Zé Henrique pensou
E viu que não tava bem.
Se achando despervenido,
Ficou desaprecebido,
Saiu com tudo escondido,
Sem dizê nada a ninguém.

Não sei onde eles entraro
Proquê carta não dêxaro,
Penso que se arregressaro
Pras banda do Maranhão.
Perdi a minha querida!
Vou chorá por toda a vida,
Quem sabe se Margarida
Não já morreu de sezão!

Faz pena a sentida historа
Que eu trago em minha memora,
Por isso, patrão, agora
Quêra o senhô descurpá;
Bem sabe vossa incelença
Que é crué a dô da osença,
Portanto me dê licença
Pra fazê ponto finá.

O senhô vá perdoando,
Que neste ponto eu chegando
As rima vai se acabando
E tudo é dificurdade;
A viola desentoa,
E a cachola fica à toa
Apois não há dô que dôa
Cumo a dô de uma sodade.

Ferroada de lacraia,
De maribondo e de arraia
Dói, chega o cabra desmaia;
De besôro mangangá
Também dói que faz horrô,
Porém não dói como a dô
Da sodade dum amô
Que se foi pra não vortá.

Maria Gulora

Vem cá, Maria Gulora,
Escuta, que eu vou agora
Uma coisa te contá.
É uma rescordação
Dos dia das ilusão
Que faz a gente chorá.

Eu antonte andei na Vage,
Não morri, mas porém quage
Enlouqueço de repente,
Quando meus óio avistou
A casa que tu morou,
Quando nóis era inocente.

Senti aguda lembrança
Do tempo da nossa infança
De tanta vadiação.
Que brinquedinho colosso
A nossa vaquinha de osso
Amarrada num cordão!

Au fiquei em desatino
Que parecia um menino
Pisando em riba de brasa;
Inté parece que eu via
Você, querida Maria,
Lá da janela da casa.

Era ali que eu mais você
Brincava de se escondê
Por debaxo do jirau;
Era ali que o dia intêro
Eu corria nos terrêro
Em meu cavalo de pau.

Quando a noite começava,
Que a lua quilariava,
Que brinquedinhos de amô!
E quando chegava o dia
Nóis dois juntinho corria
Pros cantêro de fulô.

Arrodiei a carçada
Já véia e desmantelada;
Entonce eu pensei ali
Inté na rede de chita
De tua boneca Rita
Na sombra do tamburí.

Entrei na véia chupana,
Com a sodade tirana
E o coração a batê;
Senti tão grande afrição,
Que me abracei cum pilão,
Pensando que era você.

INLUSTRÍSSIMO SINHÔ DOUTÔ

Desejo, premêramente
Que o senhô teje a gozá
A vida mais incelente
Dos dotô da capitá.
Despois, peço a senhoria
Pra lê esta poesia
De um cantadô do sertão,
E se achá que eu caio em farta
Lhe arremetendo esta carta,
Peço descurpa e perdão.

Mas eu quero lhe contá
As coisa aqui cumo é.
Eu pertenço ao Ceará,
Nasci aqui no Assaré
Mas porém Deus que é bondoso
E misericordioso,
E é potretô munto exato,
Graças à bondade sua
Não nasci dentro da rua,
Foi aqui mêrmo nos mato.

Eu criei-me entre as mutuca,
Andando nesses biboque
Onde a gente arma arapuca
E se atira de badoque,
Onde a mansa rôla chora
E se escuta à toda hora
O gaiteá do novio,
E onde a ribusta cabôca
Traz um cigarro na boca
Feito de páia de mio.

Aqui, da serra ao sertão,
Grande pobreza se encerra,
Mas reina paz e união,
Ninguém convessa na guerra.
Aqui os agricurtô
E tombém os caçadô,
Pra se livrá dos estrepe,
Em vez de carçá sapato
Anda na roça e no mato
De apragata currulepe.

Nesta boa terra nossa,
No tempo das invernada
Bora jirmum, chega a roça
Fica tôda encaroçada.
Melancia, ninguém conta,
Pra todo lado se encronta
Uma fartura tamanha,
A gente goza um prazê
Que eu sou capaz de dizê
Que o Paraíso não ganha.

Não sendo em tempo de fome
Senhô dotô, pode crê:
Nesta terra o cabra come
Intá a bariga enchê,
Nem carne, nem macarrão,
Mas porém mio e fejão,
E farinha é à vontade.
Ninguém come de ração
Cumo se faz nas pensão
Lá das rua da cidade.

Eu não tou fazendo pôco
Lá da sua capitá;
Mas quando um pobre cabôco
Tem percisão de andá lá;
Se não levá sua rede
Drome no pé da parede.
Ôtas vêz o pobre inté
Com tanta dô de cabeça,
E não acha quem lhe ofreça
Uma chicra de café.

Apois aqui, seu dotô,
Chegando um home de lá,
Tem comida a seu favô
Sem percisá de comprá.
O matuto, com prazê,
Ante mêrmo de sabê
Cumo o tá home se chama,
Tira um capão de chiquêro,
Nem que seja o derradêro
Da muié comê na cama.

E enquanto prepara a bóia
O paidégua engruvatado
Se espicha numa tipóia,
Mêrmo de pé espaiado.
E menino ali não fala,
Nem ninguém pisa na sala
Mode ele pudê drumi.
É assim que a gente trata
Esses home de gruvata
Quando chega por aqui.

Seu dotô sabe e precebe
Que os home sabido e grande
Por lei nenhuma não bebe
Água em caneco de frande.
Por isso o povo daqui
Gosta de se pirvini,
Não se esquece de guardá
Um belo cope de vrido,
Pra êsses home sabido
Das banda da capitá.

Tou lhe contando a certeza
Das coisa do meu sertão,
Aqui ninguém tem riqueza
Mas porém tem munta ação.
E ninguém usa pagode,
Tudo fala cumo pode,
Ninguém sabe, ninguém erra.
Ah, seu dotô! Só queria
Que o senhô vinhesse um dia
Vê um São João nesta terra.

Quem é que escuta e não goza
Numa noite de São João,
Uma toada sodosa
Do cabôco do sertão?
A gente uvindo a toada
Sente a arma apaxonada
E o coração dando sôco,
Querendo saí pra fora,
Promode uvi a sonora
Da viola e do cabôco.

Vossemincê arrepare,
O que eu lhe digo é exato,
Não tem com que se compare
Um São João aqui nos mato.
O sertão é todo festa,
Coisa boa como esta
Ninguém pode avaliá.
Não hái neste mundo intêro
Nem no Rio de Janêro,
Na festa do carnavá.

O senhô venha da praça
Em junho aqui pro sertão,
Pra sabê cumo tem graça
Uma noite de São João.
Vossemincê expremente
Promode ficá ciente
Das cabôca cumo é.
Elas têm um certo agrado,
Um oiá tão delicado
Que a gente fica paié.

É uma coisa encantada,
Eu lhe digo e testemunho,
Aquela noite animada,
Vinte e três do mês de junho.
Todas foguêra briando,
É mêrmo que tá se oiando
Um mião de vela acesa.
O saibo, que munto escreve
Eu penso que não se astreve
De escrevê tanta beleza.

E os poeta de vantage
Deste mundo bem de longe,
Cumo Mané de Bocage
E seu Luís de Camonge,
Tarvez não se astreva ainda
Cantá tantas coisa linda
Do meu amado sertão,
Principarmente no dia
Do festejo e da alegria
Da foguêra de São João.

Seu moço, fique ciente:
Não hái poeta que saba,
Não tem tintêro que aguente,
Nem vejo papé que caba.
Por isso mêrmo é que eu vou
Maginando em seu dotô
Meu assunto treminá.
Peço que vá descurpando
A carta, que tá ficando
Tão grande cumo jorná.

A festa da Maricota

Seu moço que vai passando
Com seu maço de papé,
Descurpe eu tá lhe falando,
Mas me escute se pudé.
Apois, quando que fui oiando
Que lhe vi, fiquei pensando
E sou capaz de jurá,
Logo da premêra vista,
Que o senhô é jornalista
E eu tenho o que lhe contá

O que eu quero lhe contá
Não é coisa boa não!
É um baruio inferná
Que se deu lá no sertão.
Vou dizendo, vou dizendo
E o senhô vai escrevendo,
No papé tomando nota,
Mode botá no jorná
Cumo foi o grande azá
Da festa da Maricota.

Foi antonte às doze hora
Da noite o tá bruburinho,
Eu corri de mundo afora
Sem preguntá por caminho.
Quando cheguei na rodage,
Arranjei uma passage
Num caminhão que passou;
De medo cheguei tremendo,
Não tou ainda sabendo
Quem morreu, nem quem matou.

Mas porém é do começo
Que a histora eu vou pispiá,
Apois eu tudo conheço,
Falo sem medo de errá.
Eu me chamo João Moiriço,
Neste mundo o meu serviço
É cantá e tocá viola.
Vivo cantando no pinho,
Livre cumo um passarinho
Que nunca entrou na gaiola.

No Nordeste brasilêro
Conheço os cantô mais fino,
Cumo o Vicente Grangêro,
Mendonça e Sirva Rufino,
João Alexandre e Dedé,
Cego Bobôco e Cazé
E os mió do Ceará,
Que é João Siquêra e Fonseca,
Que inda tando de enxaqueca
Não se escora pra cantá.

Faço a minha vida intêra
No sertão, sem me osentá.
É com esta a vez tercêra
Que eu ando na capitá.
Na vida de violêro
Sou quage cumo dinhêro,
Que veve de mão em mão.
Eu sou, com meu instrumento,
O miõ divertimento
Das famia do sertão.

Agora, seu jornalista,
Já lhe dixe quem sou eu,
Joáo Moiriço, o repentista
Que a rima nunca perdeu.
É bom que coidado tome,
Escreva logo o meu nome
Ante que o senhô se esqueça,
E vamo pra diente agora,
Senão com pôco esta histora
Fica sem pé e sem cabeça.

Lá naquela bela zonda
Do meu querido sertão,
No lugá Baxa Redonda,
Mora seu Zé Damião,
Um dos agricurtô pobre
Que do céu do Ceará cobre,
Não é rico, não senhô,
Mas é home ajuizado,
Sincero, considerado,
Honrado e trabaiadô.

Pobre, mas não veve a rasto,
Apoia seu Zé Damião,
Sempre guarda pra seu gasto
Mio, farinha e fejão.
Não é lá cumo quem pode,
Mas pissui oveia e bode,
E de três vacas que tem
No inverno um leitinho come,
E nunca padece fome
Quando os repiquete vem.

Ele é o pai de Maricota,
Muié tão simpate e bela
Que o sertão nunca mais bota
Outra fulô cumo aquela.
O senhô fique ciente
Que é visto por toda gente
Que dêrne dela menina
Na sua doce inocença
Deu uma certa parença
Das coisa santa e divina.

Todo o povo tava vendo
Que o tempo ia se passando,
Maricota ia crescendo,
E a beleza acompanhando.
Quanto mais ela crescia
Mais beleza recebia,
E quando chegou enfim
Na casa dos dezasseis,
Nem a prenceza do Reis
Era tão bonita assim.

Sua fromosura é tá,
Que se o povo inda fizé
Dois partido pra votá
Na beleza das muié,
Vai sê grande o movimento,
E quando chegá o momento
Do preito dessa inleição,
Todo sertanejo vota
Na bonita Maricota,
Fia do Zé Damião.

Nunca ela gostou do moço
Derretido por muié,
De gruvata no pescoço
E os dedo duro de ané.
Ela só simpatizava
O rapaz que trabaiava
E derramava suó.
Por isso tinha desejo
De casá com o sertanejo
Que se chama Zé Loló.

Zé Loló, seu jornalista,
É um disposto freguês
Que não hái quem lhe resista,
Trabaia por dois ou três.
Tudo que faz é bem feito,
Suas cêrca é dum tá jeito
Que mestre nenhum potresta,
É bem feita, é de premêra,
Tão aprumada e linhêra
Que nem a frecha da besta.

Pra faze cerca é o artista
Mió que o sertão criou,
Parece que tem na vista
Agúia de agrimençô.
Todo serviço ele topa,
É rapaz que não se popa,
No rojão ele tá só.
Quem conveça em adjunto,
Ali, o premêro assunto
É o cabôco Zé Loló.

Já tenho asistido munto,
Já gostei munto de vê
Zé Loló nos adjunto
Botando os ôto a sofrê.
Se um rojão ele puxava,
Os companhêro suava,
E ele adiente, todo esperto,
Ligêro que só um gato,
E tanto espaiava o mato
Cumo fazia coberto.

Se falava um camarada
No nome de Maricota,
Zé Loló jogava a enxada
Da dereita pra canhota,
De alegre dava dois grito,
Puxava um rojão bonito
Que o mato vinha de rolo.
Não tinha quem lhe iguaiasse,
Não tinha que lhe arcansasse,
Tudo comia miolo.

Zé Damião e dona Rosa,
A sua esposa de amô,
Deu a donzela fromosa
Ao moço trabaiadô;
Marido e muié queria,
Apois todos dois dizia
Que moça é pra se casá,
Não é como esses tesôro
De prata, briante e de ôro
Que a gente possa guardá.

Fôro logo botá os banho
E o casamento marcá.
O prazê era tamanho
Que ningém pode contá.
Foi grande o contentamento,
E quando do casamento
Lá no sertão se espaiou
A mais alegre notiça,
Arguém pediu as arviça,
E arguém de inveja chorou.

Não tem quem saba na vida
Dos prano de uma muié,
Toda mãe é pervenida
E sabe o que as fia qué.
Apois dona Rosa vinha
Cevando munta galinha
E pato, perú e capão.
Só pruquê ela sabia
Que o moço Zé Loló ia
Sê genro do Damião.

Afiná viu-se rompê
O dia do casamento,
Dia que enquanto eu vivê
Não sai do meu pensamento.
Seu moço, eu não sei de nada,
Mas as Leitura Sagrada,
O livro dos Evangéio,
Que é tão bom, tão santo e puro,
Devia dizê o futuro
Das coisa do mundo véio.

Mas a grande manidade
Que de tudo qué sabê,
Nunca adivinha a verdade
Do que vai acontecê.
E tem bichinho servage
Que, com a sua linguage
E a musga da sua voz,
Conta tudo certo e exato,
Apois tem bicho no mato,
Que sabe mais do que nós.

No dia do casamento,
Quando tudo se aprontou,
Que o grande acompanhamento
Atrás dos noivo machou,
Do lado esquerdo da estrada,
Lá numa feia quebrada,
No fundo de um cafundó,
Uma coã gargaiava,
Gargaiava e agôrava,
Na copa de um pau-mocó.

Seu moço, fique sabendo
Que aquela bicha é assim:
Gargaiando, tá dizendo
Que vai se dá coisa rim.
Daquo a pôca demora,
Quando eu contá nesta histora
Tudo quanto se passou,
O senhô fica ciente
Que aquela coã não mente,
Pois a bicha adivinhou.

Eu conheci do perigo,
Mas não contei a ninguém.
Fiquei a dizê comigo:
— A desgraça logo vem!
E só não saí da festa,
Dêxando aquela palesta,
Pruquê seu Zé Damião
Na festa da sua fia
Queria uma cantoria
Do cantadô do sertão.

Fingi que tava contente
E fui ajudá as muié
Trabaiando de servente,
Ao povo dando café;
Trabaiando nas comida,
E afiná em toda lida,
Da despensa pro fogão,
Naquele constante jogo
Botá panela no fogo,
Botá panela no chão.

Quage às seis hora do dia
Chegaro os noivo, casado,
Zé Loló fazendo guia
Com Maricota de lado,
E atrás o resto do povo,
Home, muié, véio e novo,
Uns casado, outros rapaz.
Foi tudo bem sucedido,
Nada tinha acontecido,
Chegaro na santa paz.

Maricota, o anjo prefeito,
A prenceza do sertão,
Vinha bonita, de um jeito
De machucá coração.
De parma, véu e capela
Não sei a beleza dela
Com que posso compará.
Apois tão bonita tava
Que pra santa, só fartava
Se encalocá num artá.

Pra vê a fia casada,
Premêro vema mãe e pai,
Que com as fala cortada
Ás água dos óio cai.
Despois, tudo, de um em um,
Naquele prazê comum,
Pra perto dos noivo vem
Com grande satisfação
Dá um aperto de mão,
E os alegre parabém.

Era com prazê e alegria
Cumo eu nunca vi assim,
Só eu, seu moço, sentia
Um choque de coisa ruim,
E não tirava a coã,
Que gargaiou de menhã,
Da minha maginação.
Parece inté que eu notava
Que ôta coã gargaiava
Cá dentro, em meu coração.

Seu moço, eu sempre pensava,
Pensava comigo só,
Que arguma coisa se dava
Na festa de Zé Loló.
Mais tarde, despois da ceia,
Despois das barriga cheia,
Me pediro pra cantá,
E eu não respondi que não,
Pois a seu Zé Damião
Eu não podia fartá.

Me fingi de satisfeito
E cumo bom cantadô
Encaloquei sobre o peito
O meu pinho gemedô.
Do bordão pras ôtas corda
Percurei logo a concorda,
Do começo até no fim,
Botei os dedo na escala,
Corri a vista na sala,
E entrei por aqui assim:

— Viva a noiva e viva o noivo,
Viva seu Zé Damião,
Dona Rosa, a sua esposa,
Com toda a reunião,
E viva eu, João Moiriço
O cantadô do sertão!

Meu bom povo, agora eu quero
Licença premêramente,
Pro mode eu rimá uns verso
Pros noivo que tá presente,
Que a luz que mais alumeia
Deve se botá na frente,

Maricota, de hoje em diante
Você não vai vivê só,
Zé Loló agora é seu,
E você do Zé Loló.
Que os dois vivendo assim junto
Fica a vida mais mió.

Cumo um casá de asa branca,
Morando no mêrmo ninho,
Vocês dois agora vão
Triá o mêrmo caminho,
Trocando bêjo por bêjo,
E carinho por carinho.

Vão vivê de um para o ôto,
Sem ofendê a ninguém,
Quando Zé Loló chorá
Vocês soluça tombém,
E vão passando a vida
Se amando e querendo bem.

Zé Loló, que é seu marido,
Lhe traz na parma da mão,
Dando gosto a dona Rosa
E ao senhô Zé Damião,
Finámente a todo o povo
Do nosso belo sertão.

Assim, seu moço, eu cantava,
E quando findava um pé,
Do povo que ali se achava,
Home, menino e muié,
Parmas e vivas chovia,
Que vossemincê podia
Fazê a comparação
De um candidaro falando
Nos comiço, cabalando
Os inleitô do sertão.

A noite ia se passando
E o povo a se divertí,
Eu já tava inté pensando
Que a coã ia menti,
Quando vi entrá na sala,
Ligêro, iguá uma bala,
Um rapaz, e foi dizendo
Que tava lá no terrêro
O diabo dum cangacêro
Jogando puia e bebendo.

Eu senti logo um vexame
Das perna pro coração,
Os meus dedo nos arame
Foi aquela confusão,
Tremia a minha viola,
O verso em minha cachola,
Cacei, mas não pude achá!
Eu sou munto esmorecido,
Não herdei nesse sentido
O geno do Ceará.

Era meia-noite em ponto,
Hora que o Diabo se sorta
Lá dos inferno, e vem pronto
Pra dá no mundo umas vorta.
É nessa hora que o Diabo
Sai, de esporão, chifre e rabo,
Por este mundo a vagá,
Ajudando os mafazêjo
Satisfazê seu desejo
E o seu instinto inferná.

O cabra vinha coberto
Da tenda da perdição,
Eu reparei e tou certo
Que ele trazia na mão
O mais pió dos fragelo
Um rife papo-amarelo,
E sem compaxão nem dó,
Um feio punhá de um lado,
E um grande lenço encarnado
Amarrado no gogó.

Chapéu de dois brabicacho,
Um no quêxo, outro na testa,
Era a pintura do diacho
O cabra naquela festa.
Que hora de grande agonia!
Tudo de medo tremia,
Só Zé Loló não mudou.
Este tava carrancudo,
Sisudo, munto sisudo,
Dêrne que o cabra chegou.

Entonce, aquele sujeito
De cara lisa, lambida,
Fartando com o respeito,
Trôxe um cope de bebida,
Entrou na sociedade
E com certa liberdade
A Maricota ofreceu,
Pedindo que ela bebesse,
Ou entonce recebesse,
Mas ela não recebeu.

Seu moço, o senhô precebe
Que no sertão, de onde eu sou,
Tem pessoa que não bebe
Nem mode fazê favô;
Eu conheço sertaneja
Que, mode as reza da Igreja,
Nunca toma uma bicada,
Nem mêrmo uma bicadinha
Pra lhe servi de meizinha,
Quando ela tão resguardada.

Maricota é deste jeito,
Pois durante a sua vida
Mode não quebrá o perceito
Nunca ela tomou bebida.
O cabra, desenganando,
Foi depressa se afobando,
E sem maginá em derrota,
Sem pensá na prope vida,
Jogou o cope de bebida
Em riba da Maricota.

Seu moço! Ô que fuzuê!
Foi um lelê dos maiô,
Eu ví o cabra gemê
Na pexêra do Loló.
Quando eu vi aquele embruio,
Da sala dei um marguio
Levando o pinho na mão,
Minha querida viola,
Que nem botei na sacola,
Ô noite de confusão!

Foi o maió alarido,
Tudo gritava: ai, ai, ai!
Muié chamando o marido,
O fio chamando o pai,
Só o diabo, certamente,
Pode inventá de repente
Um tão grande espaiafato,
Cumo um trovão quando estronda,
Por toda a Baxa Redonda
Corria gente nos mato.

Em tombém corri com medo,
Não vou negá nem mentí,
Tive que pisá no bredo,
Tive que me escapulí,
E num momento mesquinho
Caí por riba do pinho,
Meu pinho de estimação
Ficou todinho em pedaço,
Foi o derradêro abraço
Que deu no meu coração.

E ante que a historа eu acabe
Seu jornalista, dê fé,
Veja a cõa como sabe!
É como eu digo ou não é?
Ela, quando gargaiava,
Com certeza me contava
Que a desgraça ia se dá,
Mas porém ninguém comprende,
Ninguém sabe nem entende
A língua dos animá.

Minha querida viola,
Alive do meu pená,
Valia mais que as vitrola
Das sala da capitá.
Minha viola querida
Foi durante a minha vida
Remedo das afrição,
Das minhas cansêra e pena,
E era o prazê das morena
Nas noite de São João.

Vá-se os ané, fique os dedo:
É dito bem naturá,
Só quebrei por vim com medo
Daquele gêno do má.
Ah, infeliz vagabundo!
E inda tem gente no mundo
Que pensa e diz inté
Que rim só foi Lampião,
Mas tem cabra no sertão
Que anda fazendo o que qué.

Seu moço, eu faço juízo
Deste mundo, e digo assim:
— O mundo era um paraíso
Se não fosse gente rim,
Se não fosse o cangacêro,
O robadô, o desordêro,
Esses argente do diacho,
Da natureza de increu,
Nóis contava com dois céu,
Era um em riba e ôto em baxo.

Mas o mundo tá de um jeito
Que no sertão do Brasí
A gente não tem dereito
Nem mêrmo de divertí.
Eu, que não gosto de intriga
E munto meno de briga,
Quando vejo esses horrô
Sáio correndo, assombrado,
Cumo o veado chumbado
Com medo do caçadô.

Daquela cena mardita
Eu ainda tou com medo
Tanta mocinha bonita
Corrê, pra dormi no bredo!
Que zoada! Que arvorôço!
Eu só queria, seu moço,
Que pro país brasilêro
Deus do céu inda mandasse
Um castigo, que acabasse
Com tudo que é cangacêro.

Filosofia de um trovador sertanejo

Seu dotô pede que eu cante
Coisa de fisolofia;
Escute que eu vou agora
Cantá tudo em carretia;
O senhô pode escutá,
Que se as corda não quebrá,
Nem fartá minha cachola,
Eu lhe atendo num instante:
Nada existe que eu não cante
Nas corda desta viola.

Sobre este mundo crué,
De trumento e confusão,
Os poeta sempre gosta
De dá sua pinião;
Um descreve de improviso
Que o mundo é um paraíso
Enfeitado de fulô;
Já ôto, que é mais exato,
Diz que o mundo é um treato
Cheio de cena de horrô.

E afiná, todos poeta
Falando neste respeito,
Descreve este mundo véio
Cada um lá do seu jeito;
Por isso eu agora vou
Pedi ao senhô dotô
Um pôquinho de tenção;
No causo que possa sê,
Que eu quero tombém fazê
A minha comparação.

Não vou dizê que os poeta
Não tão comparando bem,
Mas como o assunto me acabe,
Eu quero falá tombém.
O mundo é uma cadeia
Que de prêso véve cheia,
Ninguém me diga que não;
A morte é seu sentinela,
E é quem arranca as tramela
Das porta desta prisão.

O mundo é uma cadeia
Onde se véve a pená;
Nóis somo os prisionêro
Deste carce universá;
Vivemo nesta prisão,
Tudo de argema nas mão,
Os grião é as doença;
Dentro deste calabôço
Sofre o véio e sofre o moço,
Que a vida é dura sentença!

Tudo geme neste carce,
Grita um — ai! ôto — ôi!
E a causa dessa derrota
Eu vou lhe dizê quem foi:
Apois bem todo motivo
De hoje nóis vivê cativo,
No mais horrive pená,
Foi Adão e sua esposa,
Que os mais véio faz as coisa
Mode os mais novo pagá.

No mêrmo tempo que Deus
Fez o Céu, o Má e o Chão,
Fez tombém de barro um home,
Que é justamente esse Adão;
Ele era um belo vivente,
Santo, fié, inocente,
Mas despois foi treiçoeiro,
Fez uma grande desorde,
Pruquê não cumpriu as orde
Do nosso Deus verdadêro.

Por essas causa, no mundo
Sofe o grande e o pequenino,
Eu inté fico abusado,
Seu dotô, quando magino
Em Adão, êsse marvado
Sacudí nóis no pecado,
Podendo nós tá inocente!
Mas não tem jeito que dá,
O jeito é nóis perdoá
Pruquê Deus perdoa a gente.

No dia que Deus fez ele,
Incalocou num lugá
Que os home sabido chama
Paraíso terreá,
Tarvez uma bela charca,
Dessas de premêra marca,
Que tem todas prantação;
Ou entonce, como a quinta
De seu Mané da Jacinta,
Moradô no Buquerão.

Entonce, naquela charca,
Ou por ôta, Paraíso,
Era mêrmo um céu aberto,
Tudo era riqueza e riso;
Mas Adão, se achando só,
Pediu a Deus um xodó,
Que a vida tava crué;
Deus vendo essa choradêra,
Lhe entregô por companhêra
Uma fromosa muié.

Eu vou já lhe contá tudo
Do jeito que aconteceu;
Tarvez inté vamincê
Saba mió do que eu,
Apois vejo que o senhô
Tem a carta de dotô,
Remexe em todos papé
E sabe lê e escrevê,
Mas vou sempre lhe dizê
Cumo Deus fez a muié.

Deus mandou Adão drumi
E logo, assim que mandou,
Sem demorá um momento
Adão no sono pegou.
E nêsse sono pesado
Deus aparpando dum lado
Arrancou-lhe uma costela,
E sem perpará o esboço,
Daquele pequeno osso
Fez Eva, fromosa e bela.

Daquele ossinho pequeno
Num momento Deus fez Eva,
Pois pra fazê quarqué coisa
Munto tempo Deus não leva;
Aquele artista porfundo
Fez aquilo num segundo,
Sem nunca tê estudado;
Entonce, Adão acordou,
E quando se alevantou,
Eva já tava dum lado.

Morando no Paraíso
Adão como Eva ficou,
Aquele santo casá
Feito por Nosso Senhô;
Satisfeito eles vivia,
Pruquê de tudo eles via
Uma fartura sem fim;
Sem trabaio e sem cansêra,
Toda sorte de fruitêra
Tinha naquele jardim.

Mas entre as fruitêra boa
Havia a da triste sorte,
Que quem comesse o seu fruito
Ficava sujeito à morte.
Se Eva e Adão percisava,
Dos ôto todos tirava
E comia a se fartá;
Mas daquele não comia,
Pruquê comendo, fazia
Grande pecado mortá.

Esse fruito do pecado
Parece que tinha um quê,
Que a gente vendo, ficava
Com vontade de comê.
Seu dotô, eu não sei não,
Mas faço avaliação
Que aquele fruito dali
Agradava o nosso orfato,
Como essa fruita do mato
Que o povo chama piquí.

Deus pediu a Adão e a Eva
Que eles nunca se esquecesse:
Comesse dos ôto todo,
Mas daquele não comesse,
Pruquê se Adão não uvisse,
E um dia nele bolisse,
Vinha fome, peste e guerra
Pra castigá sua raça,
E tudo que era desgraça
Aparecia na terra.

Mas Adão, esse sujeito
A quem tou me referindo
(Que Jesus lhe tape as oiça,
Mode ele não tá me ouvindo)
Era munto cabeçudo!
Pruquê Deus ensinou tudo
Do jeito que era perciso,
E o pateta de teimoso
Comeu do fruito gostoso
Que tinha no Paraíso.

Da cebeça dele mêrmo
Podia não tê comido,
Mas a muié sempre faz
A desgraça do marido!
Veio uma cobra das treva,
E tanto fez, inté que Eva
Do fruito pôde comê,
E na merma casião
Deu a seu marido Adão,
Mode o pobre se perdê.

Eu sei que Adão é curpado
E no pecado caiu.
Mas porém, não foi por gosto,
Foi pruquê Eva inludiu;
Apois ela, seu dotô,
Foi quem premêro porvou
Do fruito da perdição
Quebrando a santa premessa,
E o povo, quando convessa,
Só bota a curpa em Adão.

Se Adão vivesse sozinho
Tava livre de pecá,
Mas o home é bem tolo e caça
Sarna mode se coçá;
Quando o fruito Eva lhe deu,
Ele, de bobo, comeu,
E, eu penso que o pobre inté
Nem tava com essas fome,
É pruquê ele era um home
Gunvernado por muié.

Logo que comêro o fruito
Aqueles dois mal uvido,
Quando cuidaro, era tarde:
Tava todos dois despido;
Um do ôto envregonhado,
Cada quá mais acanhado
Queria se escapulí.
Ô hora triste e mesquinha!
Eva, coitada, não tinha
Um pano para se cobrí.

Deus, vendo aquilo, ordenou
A um Anjo da Gulora
Que expursasse Adão mais Eva
Do Paraíso pra fora;
E eles dois fôro sofrê
Inté um dia morrê,
Mode assim podê gozá.
Diz as Leitura Sagrada
Que a morte foi inventada
Daquele tempo pra cá.

Ante daquele pecado
A vida era uma deliça;
Mas despois dele ficou
Cheia de dô e maliça.
Por causa de Eva e de Adão
O mundo é uma prisão,
Cumo eu dixe a seu dotô:
Foi Eva mais seu esposo
Os premêro criminoso
Que nesta cadeia entrou.

Entonce Deus resorveu,
Pra se vingá dessa afronta,
Entregá o mundo à morte,
Mode ela tomá de conta;
E a morte, sumo vigia,
Véve sempre, noite e dia
Do Brasi ao estrangêro,
Com sua foice na mão
Vigiando esta prisão
E sortando prisionêro.

Com a grande farsidade
Que a Eva e seu marido fez,
Dexôu tudo padecendo
Nas grade deste xadrez.
Só se goza boa sorte
Despois de uma boa morte;
E deste xadrez imundo
A morte é quem nos tresporta,
Cada um tem sua porta
Se saí pro ôto mundo.

A pessoa, quando tá
Bem doente, quage morta,
A morte tá com certeza
Bem no pé de sua porta;
Já tá pegada na tranca,
E no momento que arranca,
O esprito avoa veloz
De dentro desta prisão,
Que Eva e seu marido Adão
Dêxou de herança pra nós.

Seu dotô, eu falo franco,
Se eu morrê não dou cavaco,
Eu mêrmo tenho vontade
De saí deste buraco;
Juro por Nossa Senhora
Que chegando a minha hora
Eu não digo nem adeus
A este triste recanto
Das santa coisa de Deus.

Se a vida traz o tromento
E a morte o descanso traz,
Não dou cavaco em morrê,
Pra gozá da santa paz.
Eu inté tenho alegria,
Pruquê vejo todo dia
Que a morte qué me levá;
Já oiço a zoada dela,
Sacolejando a tremela
Da porta, pra me sortá.

Seu dotô, e agora mêrmo
Que eu já fiz o seu mandado,
Dê licença pr'eu eu findá
Este assunto tão puxado.
Penso que já lhe agradei,
Apois boa prova dei
Da minha comparação,
Lhe jurando com franqueza,
E afirmando com certeza
Que o mundo é uma prisão.

E eu só não canto mió
Lhe espricando tudo a fundo,
É pruquê nunca estudei
E só conheço no mundo
A minha véia paioça,
Os trabaiadô da roça
E os vaquêro da fazenda;
Sou matuto de verdade
E só vou lá na cidade
Comprá minha encomenda.

Mêrmo, o jeito é eu deixá:
Que a viola se danou
Pipocou uma das prima
E o bordão desafinou;
Tombém, eu já cantei munto,
Tá terminado esse assunto
Que vasmincê me pedia,
E o que dixe eu já provei;
Descurpe se eu não cantei
Coisa da fisolofia.

O caçador

Seu dotô, vossa incelença
Aqui tem franca licença,
Não tem de que se acanhá.
Se o senhô é empregado,
Tem seu dereito sagrado
Dos pote fiscalizá.

Mas tarvez nessa Giene
O senhô nunca envenene
Meus pote, pois a muié
Ajeita a todo momento,
E bota piaba dento,
Mode não criá marté.

Entre, mas tenha coidado,
Que os meus cachorro é danado,
Pode mordê meu patrão.
Lá vem um se arrupiando,
O bicho tá lhe estranhando:
— Vai te aquetá, Tubarão!

É o Tubarão e o Gigante,
Morreu o véio Elefante,
Que inté de pena chorei.
Ah, cachorro bom dos diabo!
Duzentos e tantos rabo
De tatú dependurei.

Ele não temia a nada
E nunca perdeu caçada,
Era bicho acuadô.
Meu Elefante, coitado!
Me deu munto resurtado
Na vida de caçadô.

Estes dois também acôa,
Tenho feito noite boa
Que não perciso mió.
São dois companhêro exato,
Eu onte truxe do mato,
Dois peba e três lapichó.

Seu dotô, eu vou passando
Minha vida aqui caçando
Com meus cachorros fié;
Com eles nada me embaraça,
Só não mato munta caça
Quando a Caipora não qué.

A Caipora é quem é dona
Das caças, e nunca abandona,
Pois as caças é suas rês.
Sem ela querê, por certo
O caçadô mais esperto
Nunca resurtado fez.

Assim como o fazendêro
Tem vaca, bode, carnêro
E mais ôtas criação,
A Caipora, com certeza,
É quem faz toda defesa
Das caças, por o sertão.

É quem as caça defende;
E quando a Caipora entende
De os cachorro trapaiá,
O mato fica esquisito,
E os caçadô fica afrito,
Não mata nem um preá.

Pode crê, é certo e exato,
Tou véio de vê nos mato
Essas feia arrumação;
Mas nunca fui assombrado,
E inté já tenho caçado
Na Chapada do Espigão.

Seu dotô, essa Chapada
Do Espigão é assombrada
Que eu não sei nem lhe dizê;
Eu juro por Jesus Cristo
Cumo de lá tenho visto
Munto caçadô corrê.

Às vêz os cachorro arenga,
Começa numa estrovenga,
Fazendo uma confusão,
Correndo no tabulêro
Cumo se fosse um vaquêro
Na pega de um barbatão.

Ôtas vêz, cachorro apanha
Que o grito vai da montanha
Zoando nos cafundó.
E a gente, uvindo de perto,
Tudo declarado e certo,
A lapada do cipó.

Tudo aquilo é a Caipora
Que, pros cachorro i se embora,
Faz o maió rapapé;
Faz zoada que admira,
Pois a Caipora se vira
Naquilo que ela quisé.

Mas esses espaiafato
Que aparece por os mato
Nunca, nunca me assustou;
Pra isso eu sou munto forte,
E só dêxo com a morte
A vida de caçadô.

Mode sustentá a famia
Caço de noite e de dia,
Sou obrigado a caçá
Do sertão inté na serra;
É bem pôca a minha terra,
Não tenho onde trabaiá.

Eu perdi mais da metade
Da curta propriedade
Que eu herdei do meu avô:
O coroné Macelino,
Com seu istinto ferino
Sem quê nem pra quê, tomou.

Sem raiva, questão nem zanga
Fez ele tinia grande manga,
Tão grande que faz horrô,
E a parte do meu terreno,
Que já era bem pequeno,
Dentro da manga ficou.

Mode não havê censura
Levei a minha escritura,
Porém ninguém se importou,
Pois onde fala o dinhêro,
O resto fica no acêro,
Carimbo não tem valô.

De que serve eu sê casado,
Me largá de meus coidado
Pro mode pegá em questão?
Desprezá minha famia,
Pra fazê estrepolia
E caí na perdição?

Só peço a Deus que na vida
Nunca me farte a comida,
Um bom armôço de angú
Bem saboroso e sadio,
Feito de massa de mio
Misturado com tatu.

Também abuso a política
Que é pió que a paralítica
Do véio Estêvo Dôdô.
Acho inté bom não sabê
Contá, escrevê nem lê,
Mode eu não sê inleitô.

Eu não fiquei satisfeito
E fui, com munto respeito,
Conversá com o coroné;
Mas ele ficou zangado,
Ficou me oiando de lado
Com os óio de cascavé.

Eu não quis fazê desgraça,
Vou vivendo só de caça,
Não vou brigá com ninguém.
Me conformo com a sina:
Esta vida pequenina
De quarqué forma tá bem.

Quero vivê sossegado
Com meus cachorros de lado,
Inté quando Deus quisé.
Apois eu só acho graça
Em meus cachorro de caça,
Meus fio e minha muié.

Não gosto de brincadêra,
De forró, de bebedêra
E de ôtas ingorfação
Do povo de fina crasse,
De onde brota e de onde nasce
A maió das perdição.

Quero tá mêrmo afastado
Deste mundo desgraçado
Cheio de guerra e questão;
Eu aqui gozo bastante,
De um lado vendo o Gigante,
De ôto lado, o Tubarão.

Seu dotô me conhece?

Seu dotô, só me parece
Que o sinhô não me conhece,
Nunca sôbe quem sou eu,
Nunca viu minha paioça,
Minha muié, minha roça,
E os fio que Deus me deu.

Se não sabe, escute agora,
Que eu von contá minha histora,
Tenha a bondade de uví:
Eu sou da crasse matuta,
Da crasse que não desfruta
Das riqueza do Brasí.

Sou aquele que conhece
As privação que padece
O mais pobre camponês;
Tenho passado na vida
De cinco mês em seguida
Sem comê carne uma vez.

Sou o que durante a semana,
Cumprindo a sina tirana,
Na grande labutação,
Pra sustentá a famia
Só tem dereito a dois dia,
O resto é para o patrão.

Sou o que no tempo da guerra
Cronta o gosto se desterra
Para nunca mais vortá,
E vai morrê no estrangêro
Cumo pobre brasilêro,
Longe do torrão natá.

Sou o sertanejo que cansa
De votá, com esperança
Do Brasí fica mió;
Mas o Brasí continua
Na cantiga da perua:
Que é: — pió, pió, pió…

Sou o mendigo sem sossego,
Que por não achá emprego
Se vê forçado a seguí
Sem dereção e sem norte,
Envergonhado da sorte,
De porta em porta a pedí.

Sou aquele desgraçado,
Que nos ano atravessado,
Vai batê no Maranhão,
Sujeito a todo o matrato,
Bicho de pé, carrapato,
E os ataque de sezão.

Senhô dotô, não se enfade,
Vá guardando esta verdade
Na memora, e pode crê
Que eu sou aquele operáro
Que ganha um pobre saláro
Que não dá para comê.

Sou ele todo, em carne e osso,
Muntas vêz não tenho armôço
Nem tombém o que jantá;
Eu sou aquele rocêro,
Sem camisa e sem dinhero,
Cantado por Juvená.

Sim, por Juvená Galeno,
O poeta, aquele geno,
O maió dos trovadô,
Aquele coração nobre
Que a minha vida de pobre
Munto sentido cantou.

Há mais de cem ano eu vivo
Nesta vida de cativo
E a potreção não chegou;
Sofro munto e corro estreito,
Inda tou do mêrmo jeito
Que Juvená me deixou.

Sofrendo a mesma sentença,
Tou quage perdendo a crença,
E pra ninguém se enganá
Vou dexá meu nome aqui:
Eu sou fio do Brasí,
E o meu nome é Ceará!

A MENINA E A CAJAZEIRA

Arguém diz que o mundo presta,
Grita mêrmo em arto som,
Mas é tolo e nada sabe
Quem diz que este mundo é bom.
Como é que ele tem bondade
Se a nossa felicidade
Voa como o pensamento,
E da praça inté no campo
O gozo é cumo o relampo,
Oue abre e fecha num momento?

Dêrne do premêro dia
Que Adão mais Eva pecou,
A rosa criou espinho,
Tudo se desmantelou.
E Deus, vendo que a desgraça
De Adão, o chefe da raça,
Percisava sê comum,
Depressa sentenciou,
E uma parcela de dô
Reservou pra cada um.

Inté as arve do campo,
Oue não ofende a ninguém,
Herdou daquela miséra,
Tem suas máguas tombém.
Muntas vêz, um pau bonito
Que os gáio vai no infinito,
Parece alegre e feliz,
Mas quando o ráio lhe acerta,
Sapeca todo e concerta
Da copa inté na raiz.

Que curpa tem este pau,
Promode o raivoso ráio
Lhe queimá de meio a meio,
Lascando gáio por gáio?
Se o pobre é um inocente
E o corisco, de repente,
Faz a maió anarquia,
Tá quage certo e provado
Que tudo vem do pecado
De Adão, o pai da famia.

Tudo quanto a terra cria
Tem que passá sofrimento,
Tem seus momento de gôzo
E os seus ano de tromento.
As pobre arve, coitada,
Sem a ninguém devê nada
Sofre martiro e cansêra.
Cumo prova eu conto agora
A triste e penosa histora
Da menina e a cajazêra.

Num sito munto distante,
Na bêra de uma lagoa,
Morava um casá fié,
Uma gente munto boa.
Tinha uma linda criança,
Risonha cumo a esperança,
Era linda e prazentêra.
E brincava todo o dia
Na sombra fresca e sadia
De uma bela cajazêra.

Bem de juntinho da casa
A cajazêra nasceu,
Linhêra, iguá uma frecha,
No rumo do céu cresceu.
Era franzina, dergada,
Mas a copa arredondada
Não podia havê maió.
Quem reparava, dizia
Que a mêrma só parecia
Um grande chapé de só.

Entonce a linda criança,
Aquela boa menina,
Era o prazê e era a paz
Da cajazêra franzina.
Naquela sombra vevia,
Durante as horas do dia
Não se afastava dali,
Sempre contente, brincando,
Cheia de vida, zelando
Os seus brinquedos infantí.

Aquela copa vistosa
Pra inocente criança
Era um céu, um paraíso
Verde, da cô da esperança.
As ave fazia festa,
Tinha graça a doce orquesta
Daqueles musgo de pena,
Com seus requebrado canto,
Lovando o riso e o encanto
Daquela santa pequena.

Se o vento vinha de longe,
Todo amoroso, brincá,
Encrespando na lagoa,
As águas cô de cristá,
Na cajazêra chegando
Era tão macio e brando
Cumo quem faz a escôia
De um amô e de um carinho,
Soprando devagarinho
Mode não derrubá fôia.

Tudo quanto era bondade,
Paz, inocença e beleza,
Vinha ali fazê morada
E de toda essa riqueza
A menina era a rainha,
Dava a entendê que Deus tinha
Pra o nosso mundo de increu,
Em favô daquele sito,
Mandado lá do infinito
Um pedacinho do céu.

Se em cima, na verde copa,
A passarada cantava,
Em baxo, na fresca sombra,
A criancinha brincava.
Aquela arve tão amiga,
Caridosa, sem fadiga,
De tudo era a potreção.
Sua copa arredondada
Vevia sempre enfoiada,
Que fosse inverno ou verão.

Mas a nossa curta vida,
Quando começa a sê bela,
O vento da negra sorte
Dá um sopro e desmantela.
Se o sito era um paraíso
De sossego, paz e riso,
Se aquela doce união
Foi grande felicidade,
Maió foi a crueldade,
E a dô da separação.

A amiga da cajazêra,
Tão nova, tão pequenina,
Perdeu ali um tesoro,
Pois a mão da triste sina
Robou-lhe a felicidade,
E umas água de orfandade
Dos óio dela caiu.
Quem era tão prazentêra,
Da querida cajazêra
Chorando se despediu.

Foi se embora saluçando
Aquela criança boa,
Dêxando luto e tristeza
La na bêra da lagoa.
E a cajazêra copada
Vendo a sua camarada
Da sombra se retirá
Levando o pranto no rosto,
De tanto sofrê desgosto
Nunca mais botou cajá.

Sentindo a sombra vazia,
Aquela pobre infeliz
Foi ficando deferente,
Acabrunhando as raiz,
E com a macha dos ano
E o choque dos desengano
Que o mau destino lhe deu,
A cajazêra franzina,
Com sodade da menina
Muchou a copa e morreu.

Morreu a pobre, sem curpa,
Sem devê nada a ninguém.
Inté as arve do campo
Tem suas máguas tombém.
Ficou entoce em memora
Do dia e da crué hora
Daquele amargoso adeus,
Seca, no sito deserto.
Com os seus braços aberto,
Pedindo o socorro a Deus.

Quem tinha lhe conhecido
Na doce felicidade,
Vendo o seu grande abandono
Chorava de piedade,
Pois aquela cajazêra,
Bonita, alegre e linhêra,
Tava um pau véio, cacundo,
De gaio tingido e preto,
Parecendo um esqueleto
Chorando as dô deste mundo.

No gáio, onde os passarinho
Grogeava de menhã,
Ficou cantando somente
A feia e triste coã.
E de noite o vento afoito,
Roncando e lhe dando açoito,
Formava uma entoação
De causá medonho espanto,
Acompanhada do canto
Do agorento corujão.

E pra ficá bem provado
Que tudo o que a terra cria
Tem seus momento de gôzo
E os seus ano de agonia,
Ela foi, de pôco a pôco,
Banindo e criando oco,
Num desmante-lo sem fim,
E sujeita aos bichos mau:
O besôro serra-pau,
A broca, a traça e o cupim.

Tudo sofre, tudo pena,
A vida é pesada cruz,
Ninguém se julgue feliz,
Que aquilo que agora é luz
Mais tarde pode sê treva.
A curpa de Adão mais Eva
Se espaiou na terra intêra.
Tudo ali tornou-se em ruína,
Com a farta da menina
E a morte da cajazêra.

Inté a prope lagoa
Perdeu a quilaridade,
Criou nas águas uma sombra
Roxa, da cô da sodade.
Tudo neste mundo passa,
O sito perdeu a graça,
Daquele sonho de amô
Hoje ali já nada existe,
Apenas o choro triste
Da rola fogo-pagou.

No meu sertão

Boa noite, gente rica
De sabença e inducação,
Peço que descurpe os êrro
Desta minha falação.
Não conheço português,
Apois eu por minha vez
Nunca mexi com papé,
Mas vou falá na linguage
Da minha gente servage,
Entenda lá quem pudé!

Se eu nunca fui à escola
Inducação eu não tenho,
Mas porém peço licença
Mode eu dizê de onde venho,
E onde é meu torrão querido,
Lá onde eu tenho vivido,
Que eu não quero que arguém pense
Que eu sou sujeito de fora,
Apois eu tive a gulora
De também sê cearense.

Eu sou fio de Assaré,
Onde viveu meu avô,
Lugá do meu nascimento
Que fica no interiô,
De junto do Cariri.
Nasci e me criei ali,
Sem nunca saí de lá,
E vou dizê sem segredo:
Ando aqui com munto medo
Dos carro me machucá.

Lá no sertão de onde eu venho,
Inté hoje não chegou
Buzina de caminhão
Nem apito de motô;
A vida é bem sossegada,
Sem barúio e sem zoada,
Por isso eu faço questão
De não morá na cidade,
Foi sempre minha vontade
Vivê e morrê no sertão.

E é só pruquê na cidade,
Ou mêrmo na capitá,
Tem coisa que eu não conheço
E não quero preguntá.
E o que mais me faz pirraça
É eu vê, por toda a praça,
Um frumiguêro de carro,
Sem a gente achá desvio,
E nem tê paia de mio
Pra gente fazê cigarro.

É munto mais boa a vida
Da minha gente matuta,
Lá onde tudo é sossego,
Lá onde ninguém escuta
Essa zoada mardita,
E onde tombém se acredita
E se crê de coração
Em munta coisa da vida
Que essas pessoa sabida
Chama de suprestição.

Sei que aqui tem munta gente
Sabida que é bem capaz
De lê de trás pra diente
E de diente pra trás.
Home de boa conveça,
Que sabe o nome das peça
Do vapô e do avião,
Do carro e da bicicreta,
Mas não conhece as dieta
Da vida do meu sertão.

A gente do meu sertão
Tem a vida acotelada.
Nas noite de sexta-feira
Caçadô não faz caçada,
Temendo grande desgraça.
No meu sertão ninguém passa
Entre dois pau de portêra,
Pois é grande o sacrifiço,
Se arrisca a pegá feitiço
Da gente catimbózeira.

E nas noites de São João
As moça casamentêra
Leva uma bacia d'água
Bem pra junto da foguêra,
E ali, com munta prudença
Vão fazê esperiença
Sobre o futuro que vem,
Deitanlo a sorte nas braza
Promode sabê se casa
Com os moços que elas qué bem.

Quem se sentá no batente
Fica sem sorte e zelé,
Nunca mais será feliz
Nos negoço que fizé.
E ai do tolo ou do imprudente
Que, sem querê, no batente
Por descuido se sentá!
Do desmantêlo não foge,
Fica sujeito a caboge,
Mandinga e quarqué azá.

Pra nós, lá no meu sertão,
Uni chapéu desemborcado
Ave Maria! Meu Deus!
Que agôro malassombrado!
É o mais pió dos agôro,
Seja massa, paia ou côro
Tem a mêrma agôração.
O dono desse chapéu
Se morrê não vai pro céu,
Pois morre sem confissão.

Gato preto, lá pra nós,
Não tem quem quêra criá,
Mode não metê cafinfa
Na união do casá.
Pois aquele bicho é espêto!
Aonde tem gato preto
Se vê logo o labacé;
Todo negoço é perdido,
E muié xinga o marido,
E o home açoita a muié.

Os rapaz do meu sertão
Tem precação e coidado,
Não se senta nessas pedra
De amolá foice, machado,
Facão, faca e roçadêra,
Nem mêrmo por brincadêra,
Pruquê se ele se sentá,
Nunca mais goza prazê,
Perde o gôsto de vivê
E a vontade de casá.

Tudo lá é coidadoso.
Toda aquela criatura
Que pensa no sucedido
Das coisa das Escritura
E magina de verdade
Na maió das farsidade
Que Juda com Jesus fez,
Além dos ôto assunto,
Nunca bota um adjunto
No dia treze do mês.

Lá não tem ninguém sabido,
Mas a vida é resguardada.
Por inzempro, no sertão
A coisa munto arriscada
Que a muié do sertanejo,
Inda que tenha desejo
Nunca faz nem nunca fez,
É comê banana geme,
Pruquê comendo ela teme
Tê dois fio duma vez.

A FOGUEIRA DE SÃO JOÃO

Meu São João, meu São Joãozinho!
Quanto amô, quanto carinho,
Quanto afiado e padrinho
Nesta terra brasilêra
Não tem a gente arranjado,
No quilaro abençoado,
Tão belo e tão respeitado,
Da sua santa foguêra.

Meu querido e nobre santo,
Que a gente qué e ama tanto,
Sua foguêra é o encanto
Da gente do meu sertão.
Não pode sê carculada
A porva que vai queimada
Nessas noite festejada
Da foguêra de São João,

Quantos véio bacamarte
Virge, que nunca fez arte,
Não tão guardado de parte,
Com amô e devoção,
Mode o povo sertanejo
Com eles fazê trovejo,
No mais alegre festejo
Da foguêra de São João!

Pois quarqué arma ferina,
Bacamarte ou lazarina,
Já criminosa, assassina,
Como é a do caçadô,
Não tem a capacidade
De atirá com liberdade
Na santa quilaridade
Desta foguêra de amô.

Meu São João! Meu bom São João!
Santo do meu coração,
Repare e preste tenção
Quanto é lindo o seu festejo.
Repare lá do infinito
Como isto tudo é bonito,
Sempre digo e tenho dito
Que o senhor é sertanejo!

O homem pode sê ruim
E tê mardade sem fim,
Vivê da intriga e moitim,
Socado na perdição,
Mas a farta mais grossêra,
Mais e feia e mais agorêra,
É de quem não faz foguêra
Na noite de São João.

No mundo tem tanta gente
Véia, já quage demente,
Que não sente o que nós sente
E desfruita por aqui,
Gente sem gôsto e sem sorte,
Que já vai perto da morte,
Se vê um São João do norte,
Nas terras deste Brasí.

Quem veve lá na cidade
Não conhece de verdade
A maió felicidade,
Pois nunca viu no sertão
Três cabôco empareiado,
Com seus bacamarte armado
Dá três tiro encarriado:
— Pei! pei! pei! viva São João!

E o foguete e o busca-pé,
E o traque faz rapapé,
Arvoroçando as muié,
Quando elas vai sê madrinha,
E a contente criançada,
Na mais doce gargaiada,
Vai puxando uma toada,
Brincando de cirandinha.

Nesta noite alegre e rica
O prazê se mutiprica,
Na latada de oiticica
Tudo dansa com despacho.
O véio Jirome Guéde,
Que sacrifiço não mede,
Toca o que o povo lhe pede
Numa armonca de oito baxo.

Meu São João! Meu bom São João!
Chuvinha, tiro e balão
Nóis lhe manda do sertão,
Do nosso grande país,
Damo viva a toda hora
Quando o bacamarte estora,
Dos santo lá da Gulora
O senhô é o mais feliz!

A cinza santa e sagrada
De sua foguêra amada,
Com fé no peito guardada
Quem tira um pôquinho dela
Despois que se apaga a braza
E bota em roda da casa,
Na vida nunca se atrasa,
Se defende das mazela.

É tão grande, é tão imensa
A minha fé e minha crença,
Que se Deus me dé licença,
Quando eu morrê, vou levá
Grosso fêcho de madêra
De angico e de catinguêra,
Pra fazê uma foguêra
Lá no céu, quando eu chegá.

Vou vortá

Vou vortá pro meu sertão,
Não posso me acostumá
Com o grande reboliço
Das rua da capitá.
Vem um carro em minha frente
E depressa, de repente,
Já vem outro por detrás.
É uma coisa sem soma,
O fôrgo que a gente toma
É só catinga de gás.

Vou vortá pro meu sertão,
Eu não me acostumo aqui.
Vou vivê no meu cantinho,
Lá perto do Cariri.
Vou vê a minha paioça,
Minha muié, minha roça,
Que eu vivo é do meu trabáio,
É da minha prantação,
E diz um véio rifão:
— Cada macaco em seu gáio.

Já tou com munta sodade
Lá das minha capoêra,
Do meu cavalo Peitica
E da vaca Lavandêra,
De Zefa, minha muié,
De João, de Chico e José,
E de tudo, finalmente.
Vosmincêis não conhece
O tanto que se padece
Longe da casa da gente.

Dêrne que eu saí de casa
Nunca mais comi pirão
Mexido em prato de barro,
Como se faz no sertão.
Eu por aqui não me aprumo,
Eu morro e não me acostumo
Com comida de pensão,
Que por mais que eu faça e escôia,
Só vejo é fôia e mais fôia,
E eu não sou lagarta, não!

Eu não gostei do rejume
Da vida da capitá,
Eu aqui só gostei munto
Do má, deste grande má.
Que poço d'água pai d'égua!
Ele tem légua e mais légua,
A gente só sabe é vendo,
Veve a roncá com orgúio,
De longe se oice o barúio
Das água se arremexendo.

Aquilo é que é sê bonito,
Eita, mazão colossá!
Não goza nada da vida
Quem morre sem vê o má.
Eu atarentado fico
De vê aquele fuxico,
A zoada da maré,
Aquela grande peleja
O má tem um qué que seja
Que só Deus sabe o que é.

Vi o má, vorto contente,
A viagem não perdi,
Ele fez eu me alembrá
Lá dos campo onde nasci
Vendo as verdura das água,
Uma sodade, uma mágua
Dentro do meu coração
Como preaca furou.
Essas água têm a cô
Das mata do meu sertão.

Eu gostei munto do má,
Vou vortá munto sodoso,
E tou certo que ele é grande,
É bonito e é perigoso
E mais perigoso fica
Quando se encoi e se estica
Naquele constante jogo,
Todo inqueto e renitente
Parece um cabra valente
Quando tá puxando fogo.

Eu inté peço descurpa
Da minha comparação.
Mas ele tem as levada
De um cabôco valentão,
Apois tem argumas hora
Que o má se joga pra fora,
Escuma, pinota e berra,
Todo raivoso e afobado,
Roncando desesperado,
Querendo engulí a terra,

É o grande açude de Deus,
Tão grande que faz espanto,
Que mêrmo sem tê parede,
Nunca sai daquele canto.
É ali firme e seguro,
Eu inté garanto e juro
Como a tá de Inspetoria
Não faz um daquele jeito,
E Deus tarvez tenha feito
Em meno de meio dia.

Deus é grande, é poderoso,
É o meste da santa paz,
Fez tantas coisa no mundo
Que os home morre e não faz,
Peleja, mas nem imita,
E o má é das mais bonita,
Das beleza que Deus fez,
Se eu não morrê brevemente,
Eu vorto cá novamente
Pra vê o má ôta vez...

O vaquêro

Eu venho dêrne menino,
Dêrne munto pequenino,
Cumprindo o belo destino
Que me deu Nosso Senhô.
Eu nasci pra sê vaquero,
Sou o mais feliz brasilêro,
Eu não invejo dinhêro,
Nem diproma de dotô.

Sei que o dotô tem riqueza,
É tratado com fineza,
Faz figura de grandeza,
Tem carta e tem anelão,
Tem casa branca e jeitosa
E ôtas coisa preciosa;
Mas não goza o quanto goza
Um vaquêro do sertão.

Da minha vida eu me orgúio,
Levo a jurema no embrúio
Gosto de vê o barúio
Do barbatão a corrê,
Pedra nos casco rolando,
Gaios de pau estralando,
E o vaquêro atrás gritando,
Sem o perigo temê.

Criei-me neste serviço,
Gosto deste reboliço,
Boi pra mim não tem feitiço,
Mandinga nem catirnbó.
Meu cavalo Capuêro,
Corredô, forte e ligêro,
Nunca respeita barsêro
De unha de gato ou cipó.

Tenho na vida um tesôro
Que vale mais de que o ôro:
O meu liforme de côro,
Pernêra, chapéu, gibão.
Sou vaquêro, destemido,
Dos fazendêro querido,
O meu grito é conhecido
Nos campos do meu sertão.

O pulo do meu cavalo
Nunca me causou abalo;
Eu nunca sofri um galo,
Pois eu sei me desviá.
Trevesso a grossa chapada,
Desço a medonha quebrada
Na mais doida disparada,
Na pega do marruá.

Se o bicho brabo se acôa,
Não corro nem fico atoa:
Comigo ninguém caçoa,
Não corro sem vê de quê.
É mêrmo por desaforo
Que eu dou de chapéu de côro
Na testa de quarqué tôro
Que não qué me obedecê.

Não dou carrêra perdida,
Conheço bem esta lida,
Eu vivo gozando a vida
Cheio de satisfação.
Já tou tão acostumado
Que trabáio e não me enfado,
Faço com gosto os mandado
Das fia do meu patrão.

Vivo do currá pro mato,
Sou correto e munto exato,
Por farta de zelo e trato
Nunca um bezerro morreu.
Se arguém me vê trabaiando,
A bezerrama curando,
Dá pra ficá maginando
Que o dono do gado sou eu.

Eu não invejo riqueza
Nem posição, nem grandeza,
Nem a vida de fineza
Do povo da capitá.
Pra minha vida sê bela
Só basta não fartá nela
Bom cavalo, boa sela
E gado p'reu campeá.

Somente uma coisa existe,
Que ainda que teja triste
Meu coração não resiste
E pula de animação.
É uma viola magoada,
Bem chorosa e apaxonada,
Acompanhando a toada
Dum cantadô do sertão.

Tenho sagrado dereito
De ficá bem sastifeito
Vendo a viola no peito
De quem toca e canta bem.
Dessas coisa sou herdêro,
Que o meu pai era vaquêro,
Foi um fino violêro
E era cantadô tombém.

Eu não sei tocá viola,
Mas seu toque me consola,
Verso da minha cachola
Nem que eu peleje não sai,
Nunca cantei um repente
Mas vivo munto contente,
Pois herdei prefeitamente
Um dos dote de meu pai.

O dote de sê vaquêro,
Resorvido marruêro,
Querido dos fazendêro
Do sertão do Ceará.
Não perciso maió gozo,
Sou sertanejo ditoso,
O meu aboio sodoso
Faz quem tem amô chorá.

O AGREGADO

Quem veve no luxo, somente gozando
Dinhêro, gastando sem mágua e sem dô,
Não sabe, nem pensa e tombém não conhece
O quanto padece quem mora a favô.

Meu Deus! Cumo é duro se uví o lamento,
O grande trumento do triste agregado!
Osente das coisa mais boa da vida,
De rôpa rompida, sem cobre, coitado!

Os fio dizendo: — Papai, tou com fome!
E o pobre desse home a chorá como lôco,
Oiando a famia, tão magra e tão fraca,
Na véia barraca de páia de côco.

Promode armoçá, é perciso premêro
Corrê o dia intêro, sadio ou doente,
Só acha um consôlo, na sorte tão crua,
Nos bêjo da sua muié paciente.

Acorda bem cedo e do frio agasaio
Sai para o trabaio, de foice ou de enxada;
Assim padecendo crué abandono
Na roça do dono da casa caiada.

Não crê nas premessa do rico pulento,
No seu sofrimento só pensa em Jesus,
Rogando e pedindo pra tê piedade,
Levando a metade do pêso da cruz.

As suas criança, pra quem tudo farta,
Não brinca, não sarta, não tem alegria,
Enquanto pinota na casa caiada
Feliz meninada, rebusta e sadia.

Não vai à cidade, só véve loitando,
Limpando ou brocando, socado na mata.
Ninguém lhe conhece, nem sabe seu nome,
Se acanha com os home que bota gruvata.

Se às vêz ele fica parado, escutando
Arguém conversando, falando de guerra,
Cochicha uma reza, baxinho, em segredo,
Tremendo com medo dos grandes da terra.

Assim ele véve, do mundo esquecido,
Com fome e despido, a chorá cumo lôco,
Com sua famia tão magra e tão fraca,
Na véia barraca de páia de côco.

Carta à doutora Henriqueta Galeno

Incelentíssima dotôra,
Peço perdão à senhora
Desta carta lhe enviá;
Mas leia os verso rastêro
De um cabôco violêro
Do sertão do Ceará.

Sou o cantadô Patativa,
Que trôxe aquela missiva,
Aquele papé escrito
E cantou no seu salão,
Com a recomendação
Do Zé Carváio de Brito.

Tou lembrado e não me engano,
Faz hoje vinte e dois ano
Que do Pará eu vortei,
E aí, nesse seu salão,
Com grande satisfação
Na viola provisei.

Mode provà quem sou eu,
Já dixe o que aconteceu
Com a verdade compreta,
Agora vou lhe contá
Quá é o fim principá
Desta carta de poeta.

É pedi um objeto,
O tesôro mais dileto
Que a gente pode estimá,
Joia de valô prefeito,
Que vale mais que os enfeito
Das coroa imperiá.

Esse objeto incelente
Que veve na minha mente
E um só momento não sai,
É o volume precioso
Do poeta primoroso,
Juvená, o Seu Papai.

É aquele volume de ôro,
Aquele rico tesôro
Do maió dos trovadô,
É o livro de um bom poeta,
Que cantou as onda inquéta
E a vida do pescadô.

É o livro do poeta honrado
Que tem o nome gravado
Na histora do Ceará,
E foi quem cantou premêro
Neste país brasilêro
As cantiga populá.

Já percurei fortemente,
E quando fiquei ciente
Que não podia obtê,
Vim me valê da dotôra,
Pruquê somente a senhora
Pode me sastifazé.

Aos Reis do Baião

Cabôco Luís Gonzaga!
Tu é do céu de Nabuco,
A estrela que não se apaga,
Gulora de Pernambuco.
Tu é o dono da conquista,
O mais fino e grande artista
Que canta o baião pra nós,
De alegria pressiona
Quem ouve a tua sanfona
Ligada na tua voz.

Cabôco do geno forte,
Eu nunca vi como tu,
Leva semente do Norte
Promode prantá no Sú.
Tu sempre foi preferido,
Em toda parte querido,
Mas porém tu é mais caro
Na terra pernambucana,
Prazê de dona Santana,
E orgúio de Januáro.

Por capricho do destino
Outrora tu foi sordado,
Mas Deus, nosso Pai Divino,
Te vendo um dia humiado
Disse: — "Luís, dêxa a farda!
Esta vida de espingarda
Para tu é um horrô;
Pega a sanfona, Luís!
Vai de país em país:
Eu serei teu potretô!"

E tu, pegando a sanfona,
Como bom e obediente,
Foi espaiando na zona
Da terra dos penitente,
Com tua rica cachola,
Este baião que consola
Ao namorado e ao réu,
Este baião que não cai,
Este baião que já vai
Da terra inté lá no céu.

Neste requebro gaiato
Do teu grito de vaquêro,
Eu vejo o fié retrato
Do nordeste brasilêro.
Oiço da vaca o gemido,
Do chocaio oiço o tinido
E a gaita do véio tôro,
E vejo a festa comum
Do sertão do Inhamun,
Terra de chapéu de côro.

Tua sanfona sodosa,
Com quem tu veve abraçado,
É a santa milagrosa
Ressuscitando o passado;
Inté mêrmo a criatura
Sisuda, da cara dura,
E de crué coração,
Fica branda como a cera
Uvindo a voz prazentêra
Do grande reis do baião.

Quando tu dêxou de sê
Das filêra de sordado,
Não querendo mais sabê
Da luta do pau furado,
Que, com teu geno porfundo,
Foi espaiando no mundo
A tua voz de tenô
De milagre incomparave,
A vida ficou suave,
E o nordeste miorou.

De prazê ninguém sossega,
Tudo sarta de animado,
Na hora que tu molega
Os teus dedo no tecrado;
Nossos cabôco daqui
Tudo forga, tudo ri,
Ninguém se lembra de praga,
Nem de fome, nem de peste,
Quando escuta no nordeste
A voz de Luís Gonzaga.

Cabôco do geno forte,
Contigo ninguém se engana,
Tu é do Sú e é do Norte,
Do palaço e da chupana,
Tu veve provando a raça,
Dêrne o campo inté a praça,
Na vida de sanfonêro
É grande reis soberano,
Moreno pernambucano,
Que sabe sê brasilêro.

O doutor Raiz

Das coisas do nosso mundo
Vivo sempre recatado,
Só conto aquilo que vejo,
Só entro onde sou chamado,
Procurando sempre ter
Um nome conceituado.

Não digo pilhéria
E nem a escuto,
Sou rude matuto
De conversa séria.
Desprezo a miséria
Da negra maldade,
Adoro a verdade
Da santa doutrina
E a pérola fina
Da moralidade.

Odeio muito a mentira,
O meu dito é verdadeiro,
Não falo da vida alheia,
Tenho ódio ao fuxiqueiro,
Porém vou dar uma entrada
Na vida do raizeiro.

Pois vivo ciente
Que este tal doutor
É mais traidor
Do que a serpente.
Quando de um doente
Ele vai tratar,
Manda-o tomar
O seu preparado.

E o pobre coitado
Vai se envenenar.
Às vezes um preguiçoso,
De família carregado,
Diz: — "Mulher, eu não suporto
Esta luta do roçado,
Eu só inventando um meio
Para deixar o pesado."

— "É um sofrimento
Esta vida nossa
A lida da roça
Eu já não aguento,
Vivo sem alento,
Trabalhando em vão,
Sem nem um tostão,
Que vida mesquinha!
E falta a farinha,
O milho e o feijão."

Zangada, diz a mulher:
— "Você só anda apertado
Porque sempre a sua roça
É um pequeno cercado.
Quando chega o mês de agosto,
Já tudo tem se acabado."

— "Se você botasse
Seus roçados grandes
Como seu Fernandes,
Talvez que chegasse
Ou até sobrasse
Da nossa despesa.
A sua moleza
Na boa lavoura
É a causadora
De tanta pobreza."

Marido — "Minha velha, eu para roça
Não tenho felicidade,
Depois do milho crescido
Passa uma tempestade
E a tal praga da lagarta
Devora a outra metade."

— "Mesmo, causa medo
E não dá proveito,
Trabalhar no eito
Já não é brinquedo.
Se começa cedo
Um rojão seguro,
É um gaio duro,
Chega o suor corre,
Logo a gente morre
Sem achar futuro."

Mulher — "Mas você não trabalhando,
A miséria continua,
Marido, veja que estamos
Numa situação crua,
A casa desprevenida,
E a família quase nua."
— "A precisão nossa
Pode se afastar
Se você botar

Uma grande roça,
Lá na mata grossa
Perto da chapada
Não faltará nada,
Teremos fartura,
Que a agricultura
É abençoada."

Marido — "Mulher, sem precisar disto,
Melhor futuro estou vendo,
Vou preparar uns remédios,
Sáio no mundo vendendo,
Que hoje, de raiz de pau,
Muita gente está vivendo."

— "Se vivo apertado
Nesta vida pobre,
Faltando-me o cobre,
Comprando fiado,
Com o meu preparado
Posso ser feliz,
Que o velho Luís
Já hoje tem fama,
E o povo lhe chama
Seu Doutor Raiz."

Mulher — "Isso não convém fazer,
Pois lhe falta competência,
Só para quem é formado
E tem grande inteligência,
Pois tratar do corpo humano
Precisa grande ciência."

— "Com estes seus planos
Você não se iluda,
Que o doutor estuda
Doze ou quinze anos,
E entre os enganos
Às vezes se vê.
Como é que você
A tanto se atreve?
Que se nada escreve,
Nem conta, nem lê"

Marido — "Pouco me importa a leitura.
Que você queira ou não queira,
Eu hei de arranjar um meio
De sair da quebradeira,
Que há muito tempo eu não vejo
Dinheiro em minha algibeira."

— "Vivo aborrecido
De tanta caipora,
Mas se até agora
Você tem sofrido,
Faltando o vestido,
A chinela e o pente,
Vai andar decente,
Calçada e vestida,
Bancando na vida,
Sorrindo e contente."

Depois que a mulher se cala
E o barulho tem cessado,
O malandro sai de casa
Com um saco e um machado,
De cada pau que encontra
De cascas traz um bocado.

Traz o mulungú
E a carnaúba
Com a tatajuba
E o manacarú
Raiz de teú,
Rama de melão,
Malva, gordião,
Cedro e laranjinha,
A tal cabacinha
E rompe-gibão.

Vai trazendo do que encontra,
Não escapa nem cipó,
Traz cascas de gameleira
E raiz de pau mocó,
Folha de jurema preta
E embira de moróró.

Traz a quina-quina
Que é muito amargosa,
Muito venenosa
Na tal medicina,
E traz a resina
Do jabotazeiro,
Raiz do coqueiro
E açoita-cavalo,
Esporão de galo,
João Mole e pereiro.

Bota tudo quanto é casca
Naquela infeliz botica,
Traz cavaco de batinga,
Entre-casco de oiticica,
O certo é que pelas matas
Um pau com casca não fica.

Traz a catingueira
E a quebra faca,
Com a arapiraca
E a burra leiteira,
Raspa de aroeira,
Casca de pequi,
Mofumbo, bugi,
Raiz de favela,
Pega uma panela
E bota tudo ali.

Depois que a panela ferve
Com aquela misturada,
Ele enche aquilo tudo,
Dois costais de garrafada,
Bota uma carga num jegue,
Viaja de madrugada.

E sai o gaiato
No mundo dizendo:
— Eu ando vendendo
Remédio barato.
Sou doutor exato,
Tenho boa idéia,
Trato de diarréia,
E até trago dose
Pra tuberculose,
Bronquite e morféia.

Vai pelas casas passando
O safado preguiçoso,
Dizendo: — Eu trago meizinha
Pra enxaqueca e nervoso,
Remédios especiais
De um efeito poderoso.

— Cura a congestão
E o impaludismo,
O reumatismo
E constipação,
Mal do coração,
Tontice e cegueira,
Febre e batedeira,
E dor de barriga,
Curuba, bexiga,
Sarampo e papeira.

O matuto ignorante
Ouve aquele fraseado
E diz: — Fazem muitos dias
Que me sinto adoentado,
Abandonei meus trabalhos,
Nunca mais fui ao roçado.

— Um certo cansaço
Às vezes me vem,
Na vista também
Sinto um embaraço,
O meu espinhaço
Não posso vergar,
Mas vou suportar
Tanto desespero,
Não tenho dinheiro
Para me tratar.

Responde o tal raizeiro:
— Ora, meu bom camarada,
Desaparece isto tudo
Com uma só garrafada,
Faça jeito do dinheiro,
Dez mil réis não vale nada!

— Dou-lhe a garantia
De ficar curado,
Tomando um bocado
Três vezes por dia
Lhe chega a energia,
Melhora de cor,
Depois o senhor
Desempenha a lida,
Lutando na vida
Cheio de vigor.

Ali entrega a garrafa
Ao pobre tolo e pateta,
Lhe dizendo — Pode crer
Que a cura vai ser completa,
E é um remédio tão simples
Que não precisa dieta.

— Tome uma tigela
De manhã bem cedo,
E não tenha medo
Que não tem cautela,
No começo dela
Terá por sinal
Um suor geral,
Com grande morrinha,
Mas é a meizinha
Bolindo com o mal.

O desgraçado matuto
Corre animado e ligeiro,
Vai à casa do vizinho,
Toma emprestado o dinheiro,
Acreditando na trama
Do mentiroso estradeiro.

E com muita fé
Usa o tal remédio,
Pelo intermédio
Daquele pajé,
Pensando que é
De grande vantagem,
Mas a beberagem
Do sujeito imundo
Para o outro mundo
Dá-lhe tinia passagem.

Pois aquele tal remédio
Não tem nenhum resultado,
Logo nas primeiras doses
O mal se torna alterado,
Sempre o fim de quem o toma
É morrer entoxicado.

Pois aquele astuto
Não tem coração,
Explora o tostão
Do pobre matuto,
É malvado e bruto,
Carrasco e tirano,
Vil e desumano,
Anda a iludir,
E para mentir
Dá bolo em cigano.

Onde o raizeiro passa
Deixa o camponês a rasto,
Faz o pobre sem dinheiro
Fazer um enorme gasto,
Pois esta classe sem alma
De gente só tem o rasto.

Peço aos camaradas
Pra se prevenirem
E nunca caírem
Em tais camisadas,
Pois nas garrafadas

Eu não acredito,
Quem ler o meu dito
Na mente o conserve,
Que de exemplo serve
O que deixo escrito.

Pra defender-me de tal
Recorro sempre a Jesus,
Fujo do Doutor Raiz
Como o cão foge da cruz,
O rato foge do gato
E as trevas fogem da luz.

Nem mesmo brincando
Não dou atenção
A tal charlatão
Que vive enganando,
E ainda eu me achando
Com a boca torta,
E uma perna morta,
Se o tal raizeiro
Chegar no terreiro,
Eu bato-lhe a porta.

Leitor, aqui faço ponto,
Não desejo ir adiante.
Não é por faltar na mente
Assunto nem consoante,
É porque diz um rifão:
Pra quem tem compreensão
Meia palavra é bastante...

A vida aqui é assim

Aquele povo que veve
Nas rua da capitá,
Não sabe o quanto padece
Os trabaiadô de cá.
Esse povo da cidade,
Que só veve de vaidade,
Nunca foi agricurtô,
Uma roça não conhece,
Não sabe o quanto padece
O povo do interiô.

Aqui pra nóis sempre tá
Chegando de quando em vez
Gente com cara de saibo,
Embruiando os camponês.
Causa raiva e dá desgosto
A gente pagá imposto
Cobrado cronta a razão,
E além de certos dereito,
Ainda vivê sujeito
Ao tá fiscá de argodão.

Esse espertaião sem arma
Sabe fazê trapaçada!
Com o dono do armazém
Veve de língua passada;
E se o dono do armazém
É um esperto também,
Lhe dá logo uma grogêta,
E na crassificação,
É o dono do argodão
Quem aguenta a buzulêta.

Ande o pau por onde andá,
Vem quebrá no camponês;
O seu argodão só dá
Tipo cinco, quatro e três,
Proquê o fiscá, esse home
Toma café, veste e come
É à custa do matuto;
Entra de pé na apragata,
E sai bancando gruvata,
Cigarro manso e charuto.

Inda que o argodão seja
De lã bem desembaraçada,
Capucho grande e sadio,
Branco da cô de coaiada,
Com seus óclo no nariz
O fiscá repara e diz:
— "Este, premêra não dá!"
Ali mêrmo crassifica,
E crassificado fica,
O dono tem que aguentá!

Por isso é que eu digo assim:
— "Eu tenho quatro menino.
Um pode ser Lampião,
E o ôto, Antonio Silvino,
Pode ôto ser jogadô,
Mas peço a Nosso Senhô,
À Virge da Conceição,
E a São Bertolomeu,
Pra não vê um fio meu
Sendo fiscá de argodão..."

Se inferno existe

Se existe inferno, como diz a Briba,
Se lá de riba é que o castigo vem,
Se o esprito vai se derretê queimado,
Purgá os pecado que o sujeito tem.

Se os home escravo de ôro, prata e cobre,
A quem é pobre com rigor domina,
Fazendo tudo cronta a baxa crasse,
Não vê a face da Visão Divina,

Se é grande crime pro dotô Juiz
Traí o país com a crué maliça,
Jurgando as causa só do lado oposto,
Cuspindo o rosto da fié justiça,

Se é um pecado o poderoso rico
Fazê fuxico e começá questão,
Pra não pagá seus operário forte,
Que enfrenta a morte pra ganhá o pão,

Se o cabra ruim quando morrê padece
E triste desce os inferná degrau,
Se os anjos preto lá nos tacho ardente
Dá banho quente castigando os mau,

Se geme as arma dos pió canáia
Nessas fornáia onde o Demônio tá,
Nas braza acesa desse forno imundo,
O nosso mundo vai se escangaiá!

Uma triste verdade

Seu moço, me escute uma triste verdade,
Que inté dá vontade
Da gente chorá;
Escute quem foi que azarou minha vida,
Nas terra querida
Do meu Ceará.

Eu era rendêro do J. Veloso,
Um rico invejoso,
Marvado sem pá,
Senhô de dinhêro e de léguas de terra,
De baxa e de serra,
Promode arrendá.

Eu, vendo os baxio daquele ricaço,
Um certo pedaço
Com gosto arrendei,
Pois vi que o terreno pra tudo convinha,
A terra só tinha
Madêra de lei.

Joguei-me devera na serra fechada,
De foice Conrada,
Machado Colim.
Jucá revirava, pau d'arco caía,
E as cobra fugia
Com medo de mim.

Despois de argum tempo, no dito baxio,
De carga de mio
Quebrei mais de cem.
Havia de tudo, melão, macachêra,
E munta fruitêra
Vingando tombém.

De tudo o tirbuto correto eu pagava,
E sempre me achava
De bom a mió.
Vivia contente, gostando da vida,
Com minha querida
Maria Loló.

Entonce, seu moço, fugiu a penura,
Chegou a fartura
Me enchendo de fé;
Mas veio despois uma inveja danada,
A fia gerada
Do monstro Lusbé.

O J. Veloso, me vendo arranjado,
Ficou afobado,
Pegou a invejá,
Falando zangado, com raiva e com grito,
Dizendo que o sito
Me vinha tomá.

Pedi a justiça com munto respeito,
Meu justo dereito,
Naquela questão,
Porém ao matuto sem letra e grossêro,
Fartando o dinhêro,
Ninguém dá razão.

Dêxei minha terra, a querida Mumbaça,
Que grande desgraça
Seu moço, eu sofri!
Dêxei as beleza da terra adorada,
E triste, sem nada,
Cheguei por aqui.

Por causa de inveja, por esse motivo,
Doente hoje eu vivo
No seu Maranhão.
Sofrendo sodade, trumento e cansêra,
Gemendo na estêra
Com febre e sezão.

Me resta somente a feliz sepurtura,
E a vida futura
Que Nosso Senhô
Premete a quem sofre e padece inocente;
A vida presente
Pra mim se acabou.

Eu hoje devia vivê sossegado,
No sito arrendado,
No caro torrão:
Porém ao matuto sem letra e grossêro,
Fartando o dinhêro,
Ninguém dá razão!

As proezas do padre Nonato
(Poesia composta a pedido do próprio)

Quando o vigaro Nonato
Comprou seu motocicreta,
Quage o padre desaquéta
Toda a cidade do Crato.
O mais doido espaiafato
Aconteceu por ali.
Cena iguá eu nunca vi!
Ô carrerão da muzenga!
Foi a maió estrovenga
Passada no Cariri.

Com a premêra lição,
Ele deu uma puxada
Que a carrêra desmarcada
Passou da numeração.
Com aquela arrumação
O vigaro se assombrou,
Quis pará, mas não parou!
Foi a mió brincadêra
Que o padre Antonio Viêra
Na sua vida encrontou.

Houve um esbandáio feio,
Corria o motô frevendo,
Mas o nosso reverendo
Não conhecia do freio!
Ia no Barro Vermêio,
Vinha no Posto Fiscá,
E o povo todo a gritá
Arvoroçado corria,
As pobre muié dizia:
O Crato vai se afundá!

Fartou pôco pra morrê
O nosso padre Nonato,
Não houve beco no Crato
Pra ele não remexê,
Andou perto de perdê
A sua honrada batina,
Quage tudo desatina,
Mas o diacho do veíco
Só esbarrou seu fuxico
Quando fartou gazolina.

De padre, ele tem as orde,
Mas tombém é motorista,
E no papé de cicrista
Bateu mais do que recorde
E nunca temeu desorde,
Corre inté no precipiço,
Tanto que por causa disso
O povo todo de Crato
Diz que o vigaro Nonato
Ou tem milagre, ou feitiço.

Certa vez, ele inventou,
Em noite de lua cheia,
De pegá uma parêia
Com seu tenente Lavô.
Logo o tenente ficou
E ele partiu aos pinote,
Corria gente em magote,
Foi um reboliço feio,
Daquela vez o aparêio
Passou da luz do lofote.

Mode dá a prova de fogo,
Ele subiu lá pra riba
Da ladêra das Guariba
E partiu com todo o jogo.
O povo bradava: — É o Diogo!
Aquilo não é motô!
Este bicho corredô
Que faz tamanha cruveta,
Ou é arte do Capeta
Ou um disco avoadô!...

Iguá uma zelação
Desceu o carro a ladêra,
Fartou terra nas rodêra,
Não foi caçoada não!
Chegando no quarterão
Da fêra fez caracó,
Saiu num tórótótó,
Mais ligêro do que o vento,
Quage esmagaia um jumento
No campo de futebó.

Não sei o que aconteceu
Que o carro ficou parado,
Roncando desesperado
Perto do pobre lopeu.
Tanto berro o jegue deu
Que estremeceu o Cariri,
Fazia pena se uví
Como quem diz: — Por piedade!
Seu padre, por caridade
Tire o seu bicho daqui!

Foi tão grande o bruburinho,
Um chafurdo dos maió
No campo de futebó,
Que hoje em dia o jeguinho,
Na cidade ou no caminho,
Ou mêrmo em quarqué lugá,
Sempre com coidado tá,
E fica de vista inquéta
Quando vê motocicreta
E o padre do Quixará...

Bertolino e Zé Tingó

— Oh! amigo Bertolino!
Cumo vai? Meu camarada,
Já faz uns pôco de dia
Que eu ando em sua pisada,
Com munto coidado e pressa.
Fiz inté uma premessa
De não vortá sem lhe vê,
E vou logo lhe avisando:
Eu ando lhe percurando
Mode grosá com você.

— Pois não, colega Tingó,
Entonce nós vamo a ela.
Vai já encontrá um têsto
Que dá na sua panela.
Vou preguntá pra você
E tem que me arrespondê:
Se é um poeta porfundo,
Se rima sem quebrá pé,
Vá me dizendo quá é
A coisa maió do mundo.

— Bertolino, esta pregunta
Te arrespondo munto bem;
Das coisa grande e sem fôrgo
A mais maió é o Trem.
Mas porém de bicho vivo
Vou lhe falá positivo,
O que eu conheço hoje em dia
E tou agora alembrado,
É o marruá raceado
Do coroné Malaquia.

— Zé Tingó, eu nunca vi
Tão tolo assim cumo tu.
A coisa maió do mundo
Não é trem nem é zebu.
Colega, a coisa maió
Eu vou lhe dizê quá é:
Sem demorá um segundo,
A coisa maió do mundo
É o grande amô da muié.

— Não é não, apois a minha
Tem um geno munto mau,
Quebrou na minha cabeça
Quatôze cuié de pau!
Pode crê cumo quebrou,
E isso asim não é amô;
Esse amô quem é que é?
Muntas vez eu peço a morte,
E só me quêxo da sorte
Mode o diabo da muié.

— Seu Zé Tingó, o valente
Que briga com dois ou três,
Tando perto de muié
Briga inté com cinco ou seis.
Arguém diz que é valentão,
Pula de faca na mão,
Faz medo e faz rapapé,
Mas isto tudo é bobage,
O home só tem corage
Com o grande amô da muié.

— Mas eu lhe mostro um inzempro.
Eu vi o Chico Mutuca,
Rapaz bom e de vergonha,
Que nunca gostou de infuca,
Amou a uma donzela
E ela rapou-lhe a canela,
Lhe deu na venta com os pé;
E foi triste o resurtado:
Ele morreu enforcado
Mode o diabo da muié.

— Também lhe mostro um inzempro.
Eu vi o véio Jacó,
Cacundo, triste e bizungo
Pruquê não tinha um xodó.
Mas topou uma cabrocha,
Com os seus óio de tocha,
A sua fala de mé,
E hoje o véio anda linhêro,
Todo engomado e no chêro,
Com o grande amô da muié.

— O que eu sei é que a muié
De seu Mané Cajuêro
Pegou com sarto de bode
E fugiu com um miçanguêro.
E sabe o que aconteceu?
Seu Mané endoideceu,
Da vida perdeu a fé.
Hoje o miserave tá
Lá no Así da Capitá,
Mode o diabo da muié.

—Tingó, muié tem milagre.
O rapaz do Zé Vinvim
Sofria tanto nevroso
Que deu pra falá sozim;
A vida não tinha graça,
Só vivia na farmaça
De um dotô de munta fé,
E o remedo não deu jeito,
Mas ficou bom e prefeito,
Com o grande amô da muié.

—Eu não lhe duvido não.
Muié tem umas mistura,
A muié é cumo veneno,
Mulé mata e muié cura.
Tem a bonita e a mais feia,
Umas mansa cumo a ovêia,
Otas cumo o jacaré.
Há tempo eu conheço a fundo
Que os desmantêlo do mundo
É por causa da muié.

— Zé Tingó, o dinhêro é grande,
Com ele tudo se anima,
Porém o amô da muié
Derruba e passa por cima.
O trabaiadô da roça,
O vagabundo da troça,
O dotô e o coroné,
Tudo isso que eu tou falando
Só é feliz encrontando
Um coração de muié.

—Argum pode sê feliz,
Porém ôtos corre estreito,
Pruquê neste mundo tem
Coração de todo jeito.
Todo vivente do chão
Tem por certo um coração,
Inté mêrmo a cascavé,
E eu sempre tenho pra mim
Que tem munta coisa rim
No coração da muié.

— Ninguém fale de muié,
Seja lá que muié fô,
Apois ela toda vida
Foi um ente de valô.
Dêrne do tempo de otrora,
Veja que Nossa Senhora
Se casou com São José,
E por isso se conhece
Que inté os santos bedece
O grande amô da muié.

—Mas Eva, a muié premêra,
Era doida e sacudida,
Teimou com Deus e comeu
Uma fruita improibida,
E a seu marido ofreceu,
E o pobre, quando comeu,
Que da miséra deu fé,
Saluçou de arrependido,
E o mundo ficou perdido
Mode o diabo da muié.

— Colega, eu nunca estudei,
Eu não sei lê nem contá,
Mas porém eu muntas vêz
Pego sozinho a pensá
Que a terra e suas montanha,
Junto à grandeza tamanha
Do Má, com sua maré,
E do mundo a redondeza
Ainda não tem grandeza
Iguá o amô da muié.

— Quá lá nada, Bertolino,
Oi minha comparação:
A muié é cumo arapuca,
E o home é cumo o cancão.
O canção vê a arapuca
E pega naquela infuca
E mexe e remexe inté
Que fica preso e sujeito,
Apois deste mêrmo jeito
É o bem-querê da muié.

— Mas, meu colega Tingó,
Tu bem pode avaliá
Que uma cabôca bonita,
Com os óio de venha cá,
Dêxa o cabra sujigado!
Eu já tenho maginado
Que inté mêrmo o Luçufé,
Que anda à percura das arma,
Se arvoroça e perde a carma
Vendo as arma das muié.

— Colega, vamos dêxá,
Nem eu nem você tem sorte,
Pruquê questão de muié
Só quem resorve é a morte.
Decidí é impossive,
Neste assunto incompreensive
Cada um diz o que qué.
E inté logo, Bertolino,
Grosadô véio mofino,
Aduladô de muié.

As façanhas de João Mole

Neste pequenino drama
O caro leitô verá
Que dentro de cada homem
Um pouco de ação está,
E um só homem sem coragem
No nosso mundo não há.

Alguém não combina,
Mas juro por Cristo,
Pois já tenho visto
Pessoa mofina,
Que quando destina
Matar ou morrer,
Pra se defender
Luta que se dana,
Nem a caninana
Lhe bota a correr.

Por mais ruim que seja o homem
Tem um pouco de critério,
E por mais fraco que seja
Luta um dia com império,
Mandando sem passaporte
Seu rival ao cemitério.

Ninguém me desmente,
Já tem sucedido
De um esmorecido
Tornar-se um valente;
A prova evidente
A todos vou dar,
Quero aqui contar
Um caso a miúdo,
Para o linguarudo
Não me reprovar.

Na Paraíba do Norte,
junto à Ribeira do Poço,
Morava um tal de João Mole,
Sadio, robusto e moço.
Mas de apanhar da mulher,
Já estava de couro grosso.
O seu apelido
Quadrava direito,
Ele era um sujeito

Muito esmorecido,
Por qualquer sentido,
Se o pobre teimava,
A mulher puxava
Ele para um canto
E açoitava tanto
Que o João soluçava.

Isabel era a mulher,
Conhecida por Zizi;
A sogra, Josefa Clara,
Morava com ele ali,
Tinha o veneno da cobra
E a fúria do javali.

Se ela amanhecia
Com o gênio mau,
Pegava em um pau
E ao genro investia.
O pobre dizia,
Muito submisso:
— Zefinha, que é isso?
E ela o derrubava,
Pois só lhe açoitava
De pé no toitiço.

Era um verdadeiro inferno
A vida daquele ente,
Entre a mulher e a sogra,
A pantera e a serpente,
Pois cada uma das duas
Queria ser mais valente.

Quando Zefa Clara
Se sentia mal,
Saía ao quintal,
Trazia uma vara,
E franzindo a cara
Ao genro dizia:
— Chegou o seu dia!
E quando soltava,
Zizi o agarrava
E a trança caía.

O desgraçado tremia,
Lhe dava logo um cansaço,
E apenas ele aparava
O cacete com o braço,
Pra defender os embombos
Que tinha em seu espinhaço.

Que horroroso estado!
Dizia João Mole:
— Como é que se engole
Tudo isto calado?
Só tenho levado
O nome de ruim;
Tudo é contra mim,
Só mesmo Jesus,
Cravado na cruz,
Sofreu tanto assim.

A sogra gritava: — João,
Deixa de zoada aqui,
Eu não quero ouvir razões,
Corre e puxa por ali!
Quem manda aqui nesta casa
É Zefa Clara e Zizi!

Sem responder nada
João ia pra roça,
Com a pele grossa
De tanta pancada,
A cabeça inchada
E o lombo banido,
Num pranto sentido
Desejava a morte,
Lamentando a sorte
Como um desvalido.

Mas um dia ele na roça
Chorando disse consigo:
— Que diabo fiz eu no mundo
Pra levar tanto castigo?
Destá, que gente inda paga
O que tem feito comigo…

Que coisa esquisita,
Que tal desmantela
Me tem feito aquela
Cambada maldita!
Quando a filha grita,
A mãe também ralha,
Mas o plano falha!
Eu vou caçar jeito
Pra ver se endireito
Aquela canalha.

Voltou à casa dizendo:
De hoje em diante eu não apanho,
Fui paciente até hoje,
Dagora em diante eu me assanho,
É desgraçado o carneiro
Que não governa o rebanho.

Se hoje alguém vier
Lutar contra mim,
Come do que é ruim,
Haja lá o que houver.
A minha mulher,
Que sempre me inflama,
Vai perder a fama,
Saber quem sou eu;
A medida encheu
E hoje se derrama.

Assim que entrou na varanda,
Foi gritando com desdém:
— Nesta casa tudo briga.
Hoje eu vou brigar também,
Eu não tenho mais meu lombo
Pra chafurdo de ninguém!

Agora é que eu vou
Ver de nós quem ganha,
Mulher hoje apanha,
Que a cousa mudou...
Zizi o escutou
E falou zangada:
— Este camarada
Morre e não se emenda,
Mas sua encomenda
Eu tenho guardada!

João Mole bradou: — Zizi,
Eu mudei de opinião,
Se quiser brigar comigo,
Segure as armas na mão,
Que do jeito que eu estou hoje,
Dou até na mãe do Cão!

Disse ela: — Pois venha,
Que te dou um doce!
Foi ao canto e trouxe
A tora de lenha,
Qual onça na brenha
Pra cima pulou,
Mas João se abaixou
De certa maneira,
Deu-lhe uma rasteira
Que a cabra embolou.

Aí pegou-lhe no braço,
Deu-lhe um soco desmedido,
Bateu ela nas paredes
E gritou-lhe enfurecido:
— Safada, você vai ver
O quanto custa um marido!

Hoje chegou o dia
D'eu também brigar,
Queira me mostrar
Sua valentia!
A Zizi fazia
Um tendéu sem fim:
— João, não faça assim,
Não me mate agora,
Por Nossa Senhora
Tenha dó de mim!

A velha havia saído
Fazia mais de hora e meia,
Andava na vizinhança
Falando da vida alheia,
Não sabia se a Zizi
Estava berrando na peia.

E quando voltou
E ouviu do caminho
O tal borborinho
Muito se alegrou.
Contente soltou
Um grito animado:
— Aquele danado
Já está na chibata,
Minha filha o mata
Pra não ser safado!

Garanto como ela hoje
Desgraça aquele sujeito,
Pois a Zizi, quando o pega,
Faz um serviço bem feito...
Puxou a benção da velha,
Que sou deste mesmo jeito.

Minha mãe brigou
E eu herdei coragem,
E a mesma vantagem
A Zizi herdou,
E ao lado estou
Sempre lhe avisando,
Que a gente casando
Muda de sentido,
E mesmo marido
Só presta apanhando.

Porém, quando ela chegou,
Viu a casa revirada,
Já tinham quebrado um pote,
Era uma luta danada,
E João surrando e dizendo:
— Eu não sou de caçoada!

Vendo ela o baião
Da filha apanhando,
Investiu rosnando
Que só um leão,
E disse pra João:
— Ô cabra maldito!
Ele deu-lhe um grito
E um murro na cara,
Que Josefa Clara
Virou o cambito.

A velha ergueu-se de novo
E partiu com desadoro,
Mas João desceu-lhe a macaca
Em cima do cabelouro,
Que a valentia da Zefa
Se transformou toda em choro.

Gritou logo ali,
Com a voz rouquenha:
— Minha filha, venha
Socorrer-me aqui!
Porém a Zizi,
Que apanhou primeiro,
Em tal desespero,
Com o lombo ardendo,
Já ia correndo
No fim do terreiro.

João disse: — Velha, você
Tem me bumbado de pau,
Dagora em diante também
Quero mexer meu mingau,
Ou me trata com respeito,
Ou morre no bacalhau.

Qual raio que cai,
O relho batia,
E a velha dizia:
— Meu genro, ai, ai, ai!
Pelo amor do pai,
Da mãe e da avó!
E João teve dó,
Soltou a macaca,
Mas puxou a faca,
Cortou-lhe o cocó.

A velha, com o martírio
Deste estragado barbeiro,
Berrou, soluçou e urrou,
Deu três pulos no terreiro,
Deixou o cocó no chão
E pisou no marmeleiro.

Saiu na carreira,
Gritando, dali;
Alcançou Zizi
Antes da Ribeira.
Tomando a dianteira,
Veloz como um trem,
Gritou-lhe: — "Meu bem,
Que demora é essa?
Corra mais depressa,
Que o diabo aí vem!"

João, que não tinha almoçado,
Estava pisando em brasa.
Disse: — "Agora, vou botar
Aquela gente pra casa,
E a que não me obedecer,
Ou corre, ou morre, ou se arrasa".

Com grande rancor
Dali saiu João,
Levando na mão
Um chiquerador.
Qual cão caçador,
Que sai da matilha,
Farejando a trilha
Do gato matreiro,
Saiu no roteiro
Da mãe e da filha.

Com meia légua, ele soube
Que tinha visto um rapaz
Duas mulheres correndo,
Uma adiante e outra atrás,
Como quem leva no corpo
A sombra de Satanaz.

Ele foi andando
E quando chegou
Lá onde encontrou
As duas chorando,
A velha o notando
Disse, em tristes ais:
"Pelas virginais
Chagas de Jesus,
E o sinal da Cruz,
Não me açoite mais!"

João respondeu: — "Não precisa
Abalar o Santo Nome,
Quero é que voltem pra casa,
Que estou danado de fome,
E no dia que tem festa
É que mais a gente come."

As duas voltaram
Sem haver demora,
Antes de uma hora
Em casa chegaram.
Depressa trataram
De um ótimo guisado,
Com muito cuidado,
Como a noiva linda
Quando espera a vinda
Do noivo adorado.

João, quando chegou em casa,
Logo ao passar o batente,
De galinha preparada
Sentiu um cheiro excelente,
E disse com seus botões:
— "Vida boa é a do valente!"

Tirou com cuidado
Sua boa faca,
Guardou a macaca
Que tinha levado,
E bem moderado
Entrou na cozinha
Dizendo: — "Zefinha,
Eu não quero intriga,
Acabou-se a briga,
Eu quero é galinha..."

Nada respondeu a velha,
Trabalhava paciente,
Quem ontem bradava alto
Como o canguçu valente,
Estava agora humilhada,
Branda como um penitente.

E Zizi também
Ficou retraída,
Não quis mais na vida
Açoitar ninguém.
Desde o xe-em-em
Que com João dançou,
Ele se tornou
Um anjo querido.
Com o seu marido
Nunca mais brigou.

A velha tratava o genro
De um modo carinhoso,
Como a mulher amorosa
Que quer bem ao seu esposo,
E João dizia consigo:
— "Já vi relho milagroso!"

Ela que um barulho
Bem caro comprava,
E o que topava
Levava de embrulho,
Perdeu o orgulho,
Baixou o cangote,
Um só cocorote
Não deu mais em João,
Graças à lição
Do santo chicote.

João também não era mais
Aquela pessoa fraca.
Valentão que fosse a ele
Depressa arrumava a maca,
Tanto era bom na rasteira,
Como no tiro e na faca.

Se ele aparecia
Em qualquer brinquedo,
Tremendo de medo
O povo corria,
Tudo obedecia,
Pois ele era o bamba.
Gritava: — "Caramba!
Eu sou é João Mole!"
Rebentava o fole
E acabava o samba.

Aonde houvesse um forró
Dizia João: — "Eu não fico!"
Quer fosse em casa de pobre,
Ou mesmo em casa de rico,
E logo assim que chegava,
Formava um pé de fuxico.

Ele ia somente
Pra beber cachaça,
Provocar pirraça
E açoitar valente.
Pulava na frente
E dizia: — "Arreda!
Pois ninguém me azeda,
Vejam como faço!"
Não descia o braço
Pra não ver a queda.

Depois d e dar muitas pisas,
Da praia até o sertão,
E pregar aos quatro ventos
A fama de valentão,
Mudou o seu nome e entrou
No grupo de Lampião.

Me disse um rapaz
Que João Mole era
Igual à pantera,
Ligeiro e sagaz,
Valente e audaz
Qual tigre ferino,

E atirador fino,
De tiros certeiros,
Entre os caganceiros
De seu Virgulino.

Agora, caro leitor,
Não desaprove o que digo,
Todo homem tem coragem,
O rico, o pobre e o mendigo,
No ponto da hora H
Insulte um, e verá
O mais feroz inimigo.

Meu palitó

Não sou glosador à toa,
Enfrento qualquer debate,
Anarquizo o alfaiate
Quando a roupa não sai boa,
E digo a qualquer pessoa
Quando rimado converso,
Que em nosso grande universo
De trapaceiros composto,
Quem não trabalha a meu gosto
Tem que aguentar o meu verso.

Fico bastante iracundo
Com o que não me convém,
Não posso sair-me bem
Com artista vagabundo.
Tem alfaiate este mundo
Que é mais do que idiota.
Não estão vendo a marmota
Que me cobre aqui por cima?
Pois é uma obra-prima
Do senhor Otávio Mota.

Eu com a minha razão
Falo rijo e pinto o sete,
Quem não faz o que promete
Para mim não tem ação.
Entregou-me este gibão
E surripiou meu cobre.
Será devido eu ser pobre
Que ele faz comigo assim?
Mas o que cobra de mim
É o que cobra de um nobre.

O palitó foi talhado
De um modo muito hediondo,
Ficando meio redondo,
Meio roliço e quadrado.
Eu, quando visto o danado,
Fico com medo de mim,
Mas quem estragou meu brim
Inda vai se arrepender,
Quando o diabo aparecer
Comendo alfaiate ruim.

Vivo muito encabulado,
Nunca mais prazer terei
Desde o dia em que trajei
Meu palitó aleijado,
Quando entro no mercado,
Ali não ficarei só,
Faz vergonha e causa dó
A medonha caçoada
Da travessa garotada,
Mangando do palitó.

Seu Otávio, desta vez
Garanto como se atrasa,
Porque lá de sua casa
Perdeu o melhor freguês,
Ele não sabe que fez
A sua própria derrota,
Hei-de de desgraçar-lhe a nota,
Que eu nunca fui de brinquedo,
Vai correr tudo com medo
Da Alfaiataria Mota.

O RAPAZ DO PÉ FRIO

Ninguém poderá negar
O que este poeta diz,
Quem tem a sorte infeliz
É asneira pelejar,
Até para namorar
Precisa o moço ter sorte,
Uma atração muito forte
E grande felicidade:
A nossa contrariedade
Vem do berço e vai à morte.

Eu conheço um rapazinho,
De cara de desaforo,
Que à procura de namoro
Está afundando o caminho,
Mas vive sempre sozinho,
Nunca tem felicidade,
Pede até por caridade,
Com jeito, zelo e cautela,
Mas não acha uma donzela
Que lhe consagre amizade.

Não sei se será pirraça
Que o destino lhe prepara,
Mas todas torcem a cara
Quando o desgraçado passa;
Donzela que não tem graça,
Beleza, riso nem porte,
Feia parecendo a morte,
A cara com muita ruga,
Vendo ele foge e refuga,
Triste de quem não tem sorte!

O tal moço é muito feio,
E é louco por um xodó,
Onde existir um forró
Ele se encontra no meio,
Gosta sempre de um passeio
Em um sítio de Assaré,
Sai sorridente e com fé,
Volta com cara de choro,
Pois onde arranja um namoro
Também encontra um caé.

O inverno muito forte,
As espumas da maré,
A geada da Guiné
E o grande suor da morte,
As neves do pólo norte
Que em gelo se desfaz,
E o frio mais pertinaz
Das profundezas do rio,
Tudo isso não é tão frio
Como o pé deste rapaz...

O PAU D'ARCO

Aquela árvore, pobre e ressecada,
Pelos feios carunchos corroída,
Foi outrora, na luz da sua vida,
Qual rainha do campo coroada.

É um velho pau d'arco, e quem da estrada
O contempla, sente a alma dolorida.
A sua haste parece, assim erguida,
A estátua da glória já passada.

Aqui dentro do peito eu também tenho
Infeliz coração — fiel desenho
Do pau d'arco daquela soledade.

Com o peso dos anos abatido,
Sem prazer, sem amor e carcomido
Dos carunchos cruéis de uma saudade.

O CASEBRE

Bem no cimo do monte florescente,
Em lembrança do nosso amor passado,
Inda encontra-se, exposto ao sol ardente,
Um casebre sem dono, abandonado.

Quando, às vezes, ali fico cismando,
Recordando da vida uma passagem,
No terreiro da choça me acenando
Parece-me surgir a tua imagem.

Outras vezes, eu penso estar ouvindo,
Atraente, suave e encantador,
Teu cantar sonoroso, terno e lindo,
Entoando a canção do nosso amor.

Entro então na palhoça, com cautela,
Procurando te ver, mulher amada,
Mas tudo quanto encontro dentro dela
São corujas, morcegos e mais nada…

Desapego

Partirei breve deste mundo ingrato,
Como quem foge da prisão escura,
Depois de um ano de cruel maltrato,
Entre os martírios de uma sorte dura.

Sinto no peito o coração enfermo,
Não sei na terra onde o prazer existe,
Neste universo solitário e ermo
Em toda parte a natureza é triste.

Vou à procura de um melhor abrigo,
Causa-me tédio a prolongada idade,
Daqui não hei-de conduzir comigo
Uma lembrança para a eternidade!

Quando meu corpo, no seu sono brando,
Baixar à cova no negror da treva,
Minha alma, rindo, subirá cantando,
Não deixa falta, nem saudade leva.

Minha serra

Quando o sol ao Nascente se levanta,
Espalhando os seus raios sobre a terra,
Entre a mata gentil da minha Serra,
Em cada galho um passarinho canta.

Que bela festa! que alegria tanta!
E que poesia o verde campo encerra!
O novilho gaiteia, a cabra berra,
Tudo saudando a natureza santa.

Ante o concerto desta orquestra infinda
Que o Deus dos pobres ao serrano brinda,
Acompanhada da suave aragem,

Beijando a choça do feliz caipira,
Sinto brotar da minha rude lira
O tosco verso do cantor selvagem.

A menina mendiga

De pés descalços sobre o frio chão,
Roto o vestido, em desalinho a trança,
De porta em porta a mendigar o pão,
Vai pela rua uma infeliz criança.

O seu estado causa compaixão,
Ninguém lhe nota um riso de esperança,
Sempre a estender a sua magra mão,
Canta, pedindo com voz fraca e mansa:

— Ó nobre rico, tende piedade!
Vede como inda no verdor da idade
São dolorosos os martírios meus!

Olhai a pobre que com fome cai:
Não tenho mãe nem conheci meu pai,
Dai-me uma esmola pelo amor de Deus!

O que mais dói

O que mais dói não é sofrer saudade
Do amor querido que se encontra ausente,
Nem a lembrança que o coração sente
Dos belos sonhos da primeira idade.

Não é também a dura crueldade
Do falso amigo, quando engana a gente,
Nem os martírios de uma dor latente,
Quando a moléstia o nosso corpo invade.

O que mais dói e o peito nos oprime,
E nos revolta mais que o próprio crime,
Não é perder da posição um grau.

É ver os votos de um país inteiro,
Desde o praciano ao camponês roceiro,
Para eleger um presidente mau.

Engano

Alguém julga-me sempre venturoso,
Qual passarinho alegre a gorgear,
Cheio de vida, de prazer e gozo,
Entre as delícias de um amor sem par.

Alguém pensa que eu sempre ao dedilhar
O predileto pinho sonoroso,
Sinto no peito o livre palpitar
De um coração feliz, calmo e ditoso.

Mas nada disso em meu viver existe,
Vou pelo mundo, pensativo e triste,
Vergado ao peso da cruel saudade,

Sempre arrastando o meu martírio infindo,
Chorando o tempo que passei sorrindo
Nos belos sonhos da primeira idade.

A MORTE

Alguém te odeia com sobrosso tanto,
Eu, ao contrário, a procurar-te vivo,
Pois tens a dose do remédio ativo
Que estanca a dor e o doloroso pranto.

Cumprindo as ordens de um Deus justo e santo
Nos ofereces doce lenitivo,
Portanto eu quero, de semblante altivo,
Na tosca lira oferecer-te um canto.

Sempre te adoro, e com fervor desejo,
Depois de um frio e prolongado beijo,
Dormir um sono sobre o teu regaço.

Leva-me, ó Morte, para o teu país!
Que o poeta só pode ser feliz
Recebendo primeiro o teu abraço.

O BURRO

Vai ele a trote, pelo chão da serra,
Com a vista espantada e penetrante,
E ninguém nota em seu marchar volante,
A estupidez que este animal encerra.

Muitas vezes, manhoso, ele se emperra,
Sem dar uma passada para diante,
Outras vezes, pinota, revoltante,
E sacode o seu dono sôbre a terra.

Mas contudo! Este bruto sem noção,
Que é capaz de fazer uma traição,
A quem quer que lhe venha na defesa,

É mais manso e tem mais inteligência
Do que o sábio que trata de ciência
E não crê no Senhor da Natureza.

O PEIXE

Tendo por berço o lago cristalino,
Folga o peixe, a nadar todo inocente,
Medo ou receio do porvir não sente,
Pois vive incauto do fatal destino.

Se na ponta de um fio longo e fino
A isca avista, ferra-a inconsciente,
Ficando o pobre peixe, de repente,
Preso ao anzol do pescador ladino.

O camponês também do nosso Estado
Ante a campanha eleitoral, coitado!
Daquele peixe tem a mesma sorte.

Antes do pleito, festa, riso e gosto,
Depois do pleito, imposto e mais imposto.
Pobre matuto do sertão do norte!

A ESTRADA DA MINHA VIDA

Trilhei, na infância querida,
Composta de mil primores,
A estrada de minha vida,
Ornamentada de flores.
E que linda estrada aquela!
Sempre havia ao lado dela
Encanto, paz e beleza;
Desde a terra ao grande espaço,
Eu tudo eu notava um traço
Do pincel da Natureza.

Viajei de passo lento,
Pisando rosas e relvas,
Ouvindo a cada momento
Gemer o vento nas selvas;
Colibris e borboletas
Dos ramos das violetas
Vinham render-me homenagem,
E do cajuzeiro frondoso,
O sabiá sonoroso
Saudava a minha passagem.

O sol, quando despontava,
Convertendo a terra em ouro,
Em seus raios eu notava
O mais sublime tesouro;
E de noite, a lua bela
Era qual linda donzela,
De uma beleza sem fim;
A sua luz prateada
Tinha a cor imaculada
Das vestes de um querubim.

Se a noite escura chegava,
Envolvida em seus negrores,
Uma santa me embalava,
Cantando trovas de amores,
E quando raiava o dia,
Que do bercinho eu descia,
Chegava aos ouvidos meus,
Pelas brisas matutinas,
O som das harpas divinas
Dos santos anjos de Deus.

E eu seguia o meu caminho,
Sempre alegre e sorridente,
Balbuciando baixinho
Minha canção de inocente.
E enquanto, sem embaraço,
Eu transpunha, passo a passo,
Os tapetes da campina,
No centro da espessa mata,
As águas de uma cascata
Cantavam ao pé da colina.

Nessa viagem de amor
Nada me causava tédio,
Tudo vinha em meu favor
Pelo divino intermédio,
Mas a torpe sedução,
Qual fera na escuridão,
Manhosa, sagaz e astuta,
Atirou sem piedade
Sua seta de maldade
Contra minha alma impoluta.

Desde esse dia maldito,
Tudo tornou-se o contrário,
Foi se tornando esquisito
Meu luzente itinerário.
Segui pela minha estrada
Como a folha arrebatada
Na correnteza de um rio;
Entre a grande natureza,
Tudo quanto era beleza
Apresentou-se sombrio.

O sabiá não cantava
Pelos bosques e colinas,
Nem pela brisa chegava
O som das harpas divinas.
Só me ficou na memória
Aquela quadra de glória
Da minha infância feliz,
Lá onde deixei guardados,
Entre as roseiras dos prados,
Meus brinquedos infantis.

Qual peregrino sem fé
Atrás de um santo socorro,
Um dia cheguei ao pé
Do mais altaneiro morro,
E subi pelos escombros,
Levando sobre meus ombros
Um fardo de paciência,
Sem encontrar obstáculo
Galguei o alto pináculo
Do monte da decadência.

Na mais horrível peleja,
Vivo hoje sobre o cume
Onde a brisa não bafeja
E as flores não têm perfume.
A vagar triste e sozinho,
Sem conforto e sem carinho,
Na solidão deste monte,
Não ouço o canto das aves,
Nem os sussurros suaves
Das claras águas da fonte.

No deserto desta crista,
Ninguém consola meus ais,
Fugiram da minha vista
As belezas naturais.
Tudo, tudo me embaraça,
A lua pelo céu passa
Desmaiada e já sem cor,
E as lanternas das estrelas
Procuro e não posso vê-las,
É triste o meu dissabor!

E aqui o que mais me pasma,
Me faz tremer e chorar,
É ver um negro fantasma
Com as mãos a me acenar;
Sempre, sempre me rodeia,

E com voz horrenda e feia
De quando em quando murmura
Baixinho, nos meus ouvidos,
Para descermos unidos
Os degraus da sepultura.

O ROUXINOL E O ANCIÃO

Ao meu filho Geraldo

Meu filho querido, escuta:
Com verdade absoluta
Quero dar-te uma lição.
Guarda na tua memória
Esta proveitosa história
Do rouxinol e o ancião.

Um ancião imprevidente
Criava, muito contente,
Na gaiola o rouxinol.
E extasiado escutava
Quando o pássaro cantava
Nas horas do pôr-do-sol.

O bom velho estudou tanto
Aquele sonoro canto
De melodia sem par,
Com tal cuidado e vantagem
Que daquela ave a linguagem
Aprendeu a decifrar.

Um certo dia ele lendo
Naquele canto e fazendo
Os seus estudos sutis,
Viu que o pobre, com saudade,
Reclamava a liberdade
Para poder ser feliz.

Cantava e fazia acenos,
Pedindo ao senhor, ao menos,
Um pouco de permissão.
Voar um pouco queria,
E de novo voltaria
Para dentro da prisão.

O dono, com muita pena
Daquela prisão pequena
Uma portinhola abriu,
E o preso, as asas abrindo,
Voou, subindo, subindo,
E no espaço se sumiu.

Mas ó, que fatalidade!
Nessa curta liberdade
Para voar na amplidão,
Foi cair tão inocente
Irremediavelmente
Nas garras de um gavião.

o carrancho esfomeado,
Segurando o desgraçado
Ligeiro à terra baixou,
E o ancião sem conforto,
Vendo o passarinho morto,
De arrependido chorou.

Meu filho, és um passarinho
A quem paternal carinho
Envolve na santa paz.
Nesta poesia rasa,
A gaiola é a nossa casa
Onde feliz viverás.

Enquanto os conselhos sábios
Escutares de meus lábios
Ouvindo minhas lições
Como filho obediente,
Não cairás facilmente
Nas garras das seduções.

O paraíso das aves
(*Em casa do Dr. Nilton Montenegro*)

Certa vez, entrando ali,
Diversas aves eu vi,
Rola, nambu, juriti,
Xexéu, canário e viana,
Tanto que o quadro bonito
Não posso dar por escrito,
Desde o pequeno sibito
À ema pernambucana.

Naquele alegre ambiente,
Ante o concerto excelente,
Escutando atentamente
O passaredo cantar,
Eu fiquei maravilhado,
Como que todo encantado
De ouvir entusiasmado
Aquela orquestra sem par.

Aqui, um canta a seu jeito,
Ali, um trina perfeito,
E além, sobre o parapeito,
Uma arara se destaca
Com sua pena luzente,
Soltando um canto estridente,
A gritar constantemente:
— Vaca! Vaca! Ê vaca! Ê vaca!

Que festa de paz infinda
Que a natureza nos brinda!
Se esta canção é tão linda,
Mais linda quer ser aquela,
E entre a festa de alegria,
De ternura e melodia,
Nas horas quentes do dia
Uma araponga martela.

Mas desta turma de alados,
Cantores apaixonados,
Mostrando com seus dobrados
Notas agudas e graves,
Há um que mais me fascina:
É um galo de campina,
O maestro que domina
O Paraíso das Aves.

Outro ali não o destrona,
Tem mais valor que a sanfona,
Muito nos impressiona
Sua música louçã,
Quando, de ternura cheio,
Sem embaraço ou enleio
Quebra com o seu gorgeio
O silêncio da manhã.

Certa hora matutina,
Eu escutava da esquina
Deste galo de campina
A sua doce canção,
E cada nota do canto
Aliviava-me o pranto,
Era qual bálsamo santo
Caindo em meu coração.

Ouvindo o canto atrativo
Daquele belo cativo,
Eu relembrei pensativo
O meu passado feliz.
Senti da rosa a fragrância,
E vi à certa distância
Os dias da minha infância,
E os meus sonhos juvenis.

Passarinho benfazejo,
Quando eu ouço o teu harpejo,
Em ti as provas eu vejo
Do poder do Criador.
A tua voz predileta,
De magia tão repleta,
É a ilusão do poeta
E a distração do doutor.

Ser feliz

Que tens, rico poderoso,
Que em vez de um supremo gozo
Tu vives tão desgostoso,
Cabisbaixo e triste assim?
Nessa tristeza absorto,
Com o teu coração morto,
Não acharás um conforto
Nos teus tesouros sem fim?

Se aí por esse ambiente,
Ante o cofre reluzente
Tua pobre alma não sente
Prazer e consolação,
Abandona o teu tesouro,
O brilhante, a prata e o ouro,
E vem consolar teu choro
Nas cabanas do sertão.

Vem matar o teu desejo
Aqui, onde o sertanejo,
Fruindo um prazer sobejo,
Não sente o peso da cruz,
E onde a lua cor de prata,
Linda, majestosa e grata,
Estende por sobre a mata
Sua toalha de luz.

Vem consolar os teus prantos,
Ouvir das aves os cantos
E admirar os encantos
Das obras da Criação.
Contemplando a natureza
Expulsarás, com certeza,
Esse manto de tristeza
Que vive em teu coração.

Eu sei, por experiência,
Pois desde a minha inocência,
Nesta estrada, a Providência
Dirigiu os passos meus.
A vida vivo gozando,
Sorrindo, alegre e cantando,
Sempre amando e admirando
As maravilhas de Deus.

Nunca descreve a verdade
Quem diz que a felicidade
Vive lá pela cidade,
Entre as galas do salão.
Ela reina soberana
É dentro de uma choupana,
Ao lado de uma serrana
Que sabe mexer pirão.

É ao lado da sertaneja,
Que trabalha, que peleja,
E na vida só deseja
Cumprir o santo dever,
Sempre alegre, a fazer festa,
Boa, carinhosa e honesta,
Forte cabocla modesta,
Que sabe amar e sofrer.

Ela reina na palhoça,
Na mais rude e pobre choça
Do pobre bardo da roça,
Que no terreiro do lar,
À noite, todo pachola,
Entre os filhos, que o consola,
Dedilha a sua viola,
Cantando à luz do luar.

Ser feliz e ser ditoso,
Ser nobre e ser venturoso,
Não é ser um poderoso,
Ser rico e ter posição.
A doce felicidade
É filha da soledade,
Nasceu na simplicidade
Sem ouro, sem lar, sem pão.

Crime imperdoável

Com sua filha de bondade infinda,
Maria Rita, encantadora e bela,
Morava a viúva dona Carolinda,
Junto ao engenho do senhor Favela.

Paciente e boa e cheia de carinho,
Passava os dias sem pensar na dor,
Reinava ali, naquele tosco ninho,
Um grande exemplo do mais puro amor.

A linda jovem, flor de simpatia,
De olhos brilhantes e cabelo louro,
Além de arrimo e doce companhia
Era da mãe o virginal tesouro.

Tinha uma voz harmoniosa e grata
Maria Rita, a filha da viúva,
Igual à voz do sabiá da mata,
Quando ele canta na primeira chuva.

Maurício, um filho do senhor do engenho,
Um estudante, bacharel futuro,
Apaixonou-se, com o maior empenho
De saciar o coração impuro.

E com promessas de um porvir brilhante,
Fazendo juras de casar com ela,
Tanto insistiu o traidor pedante
Que conquistou a infeliz donzela.

Tornou-se em pranto da menina o riso,
Anuveou-se o doce amor materno,
Aquele rancho, que era um paraíso,
Foi transformado em verdadeiro inferno.

Depois, expulsas pelo mundo afora,
Sorvendo a taça de amargoso fel,
Soluça a mãe e a triste filha chora,
Horrorizadas do chacal cruel.

Vive hoje o monstro a prosseguir no estudo,
Enquanto o manto da miséria as cobre,
Porque só o rico tem direito a tudo,
Não há justiça para quem é pobre...

Quadras

Cada um alegre vai
Atrás de sua ventura,
Mas tudo tropeça e cai
No fundo da sepultura.

Na vida, o que eu não espero
Gosta de me aparecer.
Veio sempre o que não quero,
Em vez do que eu quero ver.

Em um jardim eu entrei,
Vi rosas de várias cores,
Porém lá não encontrei
A rosa de meus amores.

Neste meu pinho adorado
Cantando constantemente,
Relembro o gozo passado
E esqueço a dor do presente.

Nas minhas dores sem fim,
É o pinho quem me consola.
O que seria de mim,
Se não fosse esta viola?

Há entre mim e a mulher
Um labirinto de trama:
Eu não quero quem me quer,
E quem eu quero não me ama.

A mim não faltará nada,
Se Jesus sempre me der
Uma viola afinada
E um coração de mulher.

Somente o rico na terra
Tem o seu nome na história.
Quando o pobre vence a guerra,
O rico alcança a vitória.

Se o orgulho e a hipocrisia
Não fossem no cemitério,
Pouca gente dormiria
Naquele lugar funéreo.

Desde o dia em que partiste
Deste sertão para a rua,
Meu coração ficou triste
Como uma noite sem lua.

Acho melhor ser amado,
Sem possuir um vintém,
Do que ser muito abastado
Sem ninguém me querer bem.

Ser trovador é ser louco,
É cantar a desventura,
Morrendo de pouco a pouco
De um cancro que não tem cura.

Mulher, saúde e dinheiro
Todo mundo adora e quer,
E eu doente, em desespero,
Sem dinheiro e sem mulher.

A moléstia mais horrível
Que mais dói e mais inflama,
É a ingratidão incrível
Da pessoa que a gente ama.

Com a luz do teu olhar,
Composta de inspirações,
Poderão ressuscitar
Minhas mortas ilusões.

Seria bem triste a sorte
E todos teriam medo,
Se a hora da nossa morte
Não fosse um grande segredo.

Em paga da ofensa infinda,
Dizendo que não me queres,
Te digo que és a mais linda
Entre todas as mulheres.

Na mulher sempre diviso
Um enigma sem par.
Deus a fez no paraíso
E inda está por decifrar.

Quando a mentira surgiu,
O inundo inteiro apoiou,
Até São Pedro mentiu
Quando as três partes negou.

Como é que nos diz um lente
Que a mulher é parte fraca,
Se o demônio prende a gente
Como o burro ao pé da estaca?

A mentira sem escala
Que mais aborrece a gente,
É quando o sujeito fala
Dizendo que nunca mente.

Daria as estrelas belas
De que o espaço é composto
Por essas duas estrelas
Que tens cravadas no rosto.

Minha viola de estima,
Consolo de minhas penas,
Abranda com sua prima
O coração das morenas.

Casamento é um engenho,
Roda, roda e não esbarra,
O marido é com empenho
O boi que puxa a almanjarra.

O poeta é um vagabundo
Que vive vagando além,
Procurando neste mundo
O que este mundo não tem.

Moreninha, o meu desejo
Não é o que pensas tu,
Pois eu te pedi um beijo
E vens me dar um beiju...

Acrósticos

É raro ver entre os olhos
Uns olhos como estes teus,
Neles vejo o quanto pode
A mão criadora de Deus.

Estes teus olhos, que encerram,
Um poema belo e santo,
Não merecem padecer
As desventuras do pranto.

Eu peço perdão dos versos,
Um poeta entre os abrolhos
Nunca poderá cantar
A beleza dos teus olhos.

Gratidão

Vendo um livro sobre a mesa,
Cheio de alegre surpresa
Vou mandar-lhe uma certeza,
Prezado amigo Antoní.
É que estou muito contente,
Satisfeito e sorridente,
Pois recebi seu presente
Já vindo do Cariri.

Com o presente adorado
Tenho um professor ao lado,
E digo entusiasmado
Que o Dicionário é meu.
Você é pessoa exata,
Sempre cumpre quando trata,
Pois foi mesmo na batata
O que você prometeu.

Não houve dificuldade
Foi pontual de verdade,
Por sua capacidade
Merece atenção e fé.
Deus queira que tenha a dita
De receber nesta escrita
A gratidão infinita
Do poeta de Assaré.

O padre e o matuto

O digno padre Luís,
Graças à sua bondade,
Tem sido muito feliz.
Quando prega na Matriz,
Seu sermão tem um encanto
Que do triste enxuga o pranto,
Ao fraco dá esperança;
Ali pela vizinhança
Muitos lhe chamam de santo.

Mas, apesar de fazer
Seu sermão sempre constante,
Mostrando ao ignorante
A máxima do bom viver,
Não poude inda convencer
A pobre alma sertaneja,
Quando no templo deseja
Explicar a santa lei,
Se fala de Cristo Rei,
Muitos correm da Igreja.

Ele, sempre fraternal,
Chama o matuto à atenção,
Dando clara explicação
Do cristo monumental,
Mas o matuto boçal
Tem daquilo grande horror.
Quero contar ao leitor
O que passou-se outro dia,
No salão da moradia
Deste nobre confessor.

Dali um pouco afastado,
Em uma pobre arapuca,
Habita o Cinco Mutuca,
Um camponês atrasado,
À Igreja conchegado,
Fervoroso rezador,
Porém com o confessor
Muito desgostoso andava,
Em Cristo Rei não creiava
Nem para fazer favor.

Dizia ele zangado:
— "Eu creio é no Bom Jesus,
Que morreu por nós na cruz,
Pra nos livrá do pecado!
Cristo Rêis foi inventado
Lá no Rio de Janêro,
Nem a troco de dinhêro
Eu nele não tenho fé,
Pois eu sei que ele não é
O nosso Deus verdadêro."

Disse a sogra dele então:
— Compadre, eu nada compreendo,
Mas porém o reverendo
Lhe dá expilicação,
Vá pedi uma lição,
Falando neste respeito,
Que ele mesmo sastifeito
Lhe ensina, certo e quilaro.
Quem sabe se seu vigaro
Não tá falando dereito?

Disse o Chico: — "Pois eu vou
Amanhã cedo daqui,
Que é promode eu discutí
Mais o véio confessô,
Que eu quero sê sabedô
Se o que ele diz é verdade."
E com certa autoridade
E ares de um sabichão,
Falou nessa ocasião
Pra sua cara metade:

— "Muié, amenhã bem cedo
Você perpare o armôço,
Que o Serviço vai sê grosso,
Discussão não é brinquedo!
De padre eu não tenho medo,
Conheço a lei do Senhô,
Dizê ao vigaro eu vou
Que o Cristo Rêis tão falado
Não tá no livro sagrado
Que eu herdei do meu avô".

Trajando um velho capote,
Todo levado da breca,
Dirigiu-se o nosso jeca
À casa do sacerdote,
Para mostrar o seu dote
De grande conhecimento,
Dando um esclarecimento
Referente a Cristo Rei,
Que estava fora da lei
Do seu Novo Testamento.

Entrou na grande cidade
Corri gestos de um orgulhoso,
Pelo centro populoso,
Daquela sociedade,
Até que a propriedade
Do reverendo avistou,
E logo que ali chegou,
Vendo o vigaro na sala,
Com sua arrogante fala
Desta maneira saudou:

— "Bons dias, senhô vigaro!
Como vai Vossa Incelença?
Me dê a sua licença,
E faça lá seu perparo,
Que eu sou homem do rosáro,
Gosto da religião,
Porém certa confusão
Faz tempo que me chafurda,
Eu trago aqui uma durda
Guardada no coração."

"Eu tenho comigo um quê,
E a minha sogra e comadre
Me dixe que era seu padre
Quem podia resorvê;
Com aquele parecê
Chegou-me certa vontade
De vim a esta cidade
Lhe pedi uma lição,
Arguma expilicação
Das coisa da santidade."

Ouvindo o Chico falar,
O padre, muito contente,
Numa cadeira presente
Mandou ele se sentar,
Dizendo: — "Queira explicar
A sua conveniência,
E tenha mais paciência,
Não se inquiete, amiguinho,
Me diga, qual é o espinho
Que lhe fere a consciência?"

— "Seu vigaro, é uma historа
Que anda na boca do povo,
Sobre um tá de Cristo novo
Que os padre inventou agora.
Credo em cruz! Nossa Senhora!
Vá descurpando o senhô,
Mas porém é um horrô
O que faz vossemincêis,
Afrimá que o Cristo Rêis
É o nosso Redentô!"

— "Quem já me conhece, sabe
Que eu sou um véio contrito,
Mas nisto não acredito
Nem que o mundo se acabe,
Pois essa historа não cabe
Em cabeça de ninguém!
Só um Deus a gente tem,
E este Deus foi o Messia,
Fio da Virge Maria,
O que nasceu em Belém."

— "E eu vivo mais enrascado
Com este santo esquisito
É proquê já tem me dito
Véio do sécro passado,
Que este Cristo Rêis falado
Não havia de premêro,
Foi no Rio de janêro
Que ele foi aparecido,
Munto grosso e bem comprido,
No picote de um lagêro."

— "Apois, seu Tragino Ivo
No Rio já passeou,
E quando de lá vortou,
Me jurou como ele é vivo.
Seu Tragino é munto ativo,
Não se engana com a vista.
Portanto, só sou da lista
Do Bom Jesus das Igreja,
Aquele ôto tarvez seja
O Deus lá dos comunita."

— "Chico, você vem errado,
Pois aquela obra-prima
Que está colocada em cima
Do morro do Corcovado
É um Cristo fabricado
Pelas mãos de um escultor,
É o Cristo Redentor,
Lhe rendemos homenagem
Como a qualquer outra imagem
Do nosso Pai Salvador."

— "Você vem erradamente,
Vivo ele não pode ser,
Nos representa o poder
Soberano e onipotente,
Que o religioso crente,
Ao vê-lo assim magestoso,
Sente-se alegre e ditoso,
Pois grande sentido encerra,
Nos mostra que a nossa terra
É um país religioso."

— "Posso jurar, pois eu sei
Que aquele que veio ao mundo
Com o seu valor profundo
Para reformar a lei,
É o mesmo Cristo Rei,
Senhor de soberania,
Que na Santa Eucaristia
Nos isenta de pecado,
É ele o Verbo Encarnado,
Filho da Virgem Maria."

— "Se nós temos em memória
Como Deus é o mesmo Cristo,
E está declarado e visto
Que só Ele é o Rei da Glória,
Sem o qual uma vitória
Jamais se pode alcançar,
"Podemosbem o chamar
De Cristo Rei, sem engano,
O grande Rei Soberano
Que reina em todo lugar."

— "Portanto, Chico, você
Se defenda do perigo,
Nas palavras que te digo
Grande verdade se lê.
Ai daquele que não crê
Neste título honroso!
Em vez de um supremo gozo
E santa felicilade,
Terá lá na eternidade
Um sofrimento horroroso!"

— "Pois agora, seu vigaro,
Me perdoe, se já pequei,
Vou rezá pra Cristo Rêis
Nas conta do meu rosáro,
Vou vê se rezando saro
As chaga do coração,
Apois a tá confusão
Que munta gente fazia,
Fez eu e minha famia
Se afastá da confissão."

— "Agora, que eu acredito
De todo meu coração,
Vou trazê pra confissão
Ciço, José, Benedito,
O Migué, o Espedito,
O Romão e o Mozá,
O Antõi e o Alencá,
A Izefa e a Tonica,
Lá em casa ninguém fica,
Vem tudo se confessá!..."

Adeus à Viola

Diz um antigo rifão:
— Quem canta, seu mal espanta.
Mas já cansei a garganta
E é triste o meu coração.

Vivi sempre a dedilhar
O meu instrumento rude,
Faltou-me a voz, mas não pude
Meu grande mal espantar.

Se tento cantar o encanto
Do campo com suas flores,
Sempre os mesmos dissabores
Me vêm aumentar o pranto.

Se quero cantar os dias
De minha infância sem par,
Onde passei a brincar
Entre doces harmonias,

Eu sinto que mais aumenta
Esta dor, de quando em quando,
Pois não se espanta, cantando,
A dor que nos atormenta!

Por isso o pinho abandono,
Sem mais detença o rejeito,
Vou marchando para o leito
Do meu derradeiro sono.

Adeus, pinho gemedor,
Com razão vou te deixar,
Porque tu não podes dar
Lenitivo à minha dor.

Quero partir desta vida,
Cheia de tanta amargura,
Talvez que na sepultura
Tenha a suprema guarida.

A POLÍTICA

Fornecendo várias listas
Aos ingênuos eleitores,
Aí vêm os sedutores
Fazendo suas conquistas.
São eles propagandistas
Da política fatal,
Um abraço em cada qual
Oferecem, sorridentes,
São eles fortes agentes
Da campanha eleitoral.

Já vejo alguém simulando
Gestos de quem tem conceito,
Por ver o dia do pleito
Cada vez se aproximando,
Muitos estão escovando
A capa da hipocrisia,
Pois com a tal fantasia
Fica o matuto iludido.
Depois do pleito vencido,
Haverá nova anarquia.

Vendo o camponês coitado,
O seu candidato eleito
Fica muito satisfeito,
Espera um bom resultado.
Porém, se um ano flagelado
Assola o nosso sertão,
O pobre fica na mão,
Não há quem o favoreça,
Vai de trouxa na cabeça
Escapar no Maranhão.

Quando algum politiqueiro
Nos aponta um candidato,
Diz que o mesmo é muito exato,
É fiel e justiceiro,
É um digno brasileiro,
Criterioso e de bem.
Mas quando a vitória vem,
E este recebe o poder,
Nunca sabe agradecer
O valor que o voto tem.

Das mais altas posições
Descem as contrariedades,
As moléstias das cidades
Vêm atacar os sertões,
A causa das confusões,
Do assassinato e da guerra,
E do mais que nos aterra,
Provém da baixa política,
Negra, falsa e sifilítica
Que envenena a nossa terra.

Como o Brasil primitivo,
Eu vejo o Brasil presente:
O camponês indigente
Do burguês sempre cativo.
Não existe lenitivo
Para o pobre que trabalha,
E com a politicalha,
Filha da trama e do ardil,
O nosso caro Brasil
Ainda mais se escangalha.

Motes

Mote

O título sem retrato
É uma tapiação

Glosas

Indo o retrato provar
Do eleitor a identidade,
Pode com legalidade
O mesmo eleitor votar.
Ninguém poderá formar
Trama, fraude ou confusão,
E tornar-se a votação
Um papel honesto e exato.
O título sem retrato
É uma tapiação.

Sem o retrato é assim:
Com o título de fulano
Poderá votar beltrano,
Com Paulo, Sancho e Martim,
Dando motivo ao motim
E à mais feia exploração.
Portanto, meu cidadão,
Seja prudente e sensato:
O título sem retrato
É uma tapiação.

Estou aguardando o dia
Do pleito para votar,
Se o título aceitar
A minha fotografia,
Pois não gosto de anarquia
E prezo a reputação.
Com a devida razão,
Já disse ao meu candidato:
O título sem retrato
É uma tapiação.

Mote

Quem quiser ser meu amigo
Não fale mal de Assaré

Glosas

Bastante nos adianta
A sua topografia,
E em beleza e em poesia
Nos fascina e nos encanta,
É onde o graúna canta
Na copa do catolé,
Ninguém achará um pé
De anarquizar meu abrigo,
Quem quiser ser meu amigo
Não fale mal de Assaré.

Quando há seca no sertão,
Que a crise se multiplica,
O meu Assaré não fica
Exposto a grande aflição,
Atrás de comprar feijão
Vêm comboieiros até
Lá da zona do Areré,
E não voltam sem o artigo,
Quem quiser ser meu amigo
Não fale mal de Assaré.

Morrerei dando louvores
À minha terra querida,
Onde conheci na vida
Os meus primeiros amores,
Onde a Virgem Mãe das Dores,
Esposa de São José,
É venerada com fé
E nos livra do perigo;
Quem quiser ser meu amigo,
Não fale mal de Assaré.

MOTE

Uma mulher ciumenta

GLOSAS

Quando a ciumenta ralha,
Grita, salta e desatina,
A sua língua ferina
Esfola, mata e retalha,
Corta mais do que navalha,
Arde mais do que pimenta,
A bomba, quando rebenta,
Não faz tamanha explosão,
Tem o furor do leão
Uma mulher ciumenta.

Com sua negra manobra
Forma briga, intriga e choro,
Na tecla do desaforo,
A língua dobra e desdobra,
É pior do que a cobra
Venenosa e peçonhenta,
O próprio diabo, que tenta
Manhoso, astuto e sagaz,
jamais fará o que faz
Uma mulher ciumenta.

Se palestra o seu marido
Com qualquer uma senhora,
Surge dali a caipora,
A questão e o alarido,
Com um ar aborrecido
A maluca se apresenta,
Mesmo na rosca da venta
Contra o seu esposo fala,
É um raio quando estala
Uma mulher ciumenta.

Um mau espírito qualquer
A protege na cilada,
Da donzela e da casada
Ela diz tudo que quer,
A casa de tal mulher
Gente boa não freqüenta,
Sua antipatia aumenta
Desde o campo até a praça,
Só o cemitério abraça
Uma mulher ciumenta.

Eu antes quero aguentar
O choque da hidrofobia,
Bexiga, paralisia,
E as lepras do lupanar,
Atirar-me sobre o mar
Contra a fúria da tormenta,
Numa noite turbulenta,
Triste, tenebrosa e fria,
Do que ter em companhia
Uma mulher ciumenta.

MOTE

Com o grito do dinheiro
A justiça não se apruma

GLOSAS

Ante o seu brado guerreiro,
A honra desaparece,
A razão empalidece
Com o grito do dinheiro;

O sujeito interesseiro,
Que com ele se acostuma,
De qualquer forma se arruma,
Desconhece o próprio pai,
Pois onde o dinheiro vai,
A justiça não se apruma.

Movimenta o mundo inteiro
Este metal cobiçado,
Fica tudo alvoroçado
Com o grito do dinheiro,
Onde ele forma um berreiro,
Não respeita coisa alguma,
Grita, guincha, berra, espuma,
Derruba a lei do conceito,
Pobre ali não tem direito,
A justiça não se apruma.

Mote

No terror da tempestade,
Geme o mar e treme a terra

Glosas

O nosso Deus de bondade,
Que tudo criou e fez,
Mostra a nossa pequenez
No terror da tempestade;
Grande pavor nos invade
Quando o forte vento berra,
Rolam as pedras da serra
Com fúror e aspereza,
Revolta-se a natureza,
Geme o mar e treme a terra.

Desde a montanha à cidade
Ouve-se um rouco estampido,
Deixando tudo aturdido
No terror da tempestade,
Parece que a imensidade
Enraivecida se emperra,
Querendo declarar guerra
Contra a rocha de granito,
Transformar-se o infinito,
Geme o mar e treme a terra.

A frágil humanidade
Relembra os pecados seus
E pede perdão a Deus
No terror da tempestade;
Ante tal calamidade
De momento se desterra
Toda a beleza que encerra
As obras da criação,
Foge do sol o clarão,
Geme o mar e treme a terra.

Mote

O café da dona Santa
É o melhor do mercado

Glosas

Foi escolhido na planta
Por um ceifeiro excelente,
É de primeira semente
O café de dona Santa,
O seu sabor nos encanta
É bem feito e bem torrado,
Portanto, está comprovado,
Duvide lá quem quiser,
O café desta mulher
É o melhor do Mercado.

E o que muito nos adianta,
É não conter rapadura,
O povo todo procura
O café de dona Santa;
Depois do almoço e da janta
Vem logo o povo ilustrado,
Promotor e delegado,
Fiscal, prefeito e juiz,
E tudo a um tempo diz:
— É o melhor do Mercado!

Mote

A mulher do cachaceiro
Só sonha com palhaçada

Glosas

Um ente prisioneiro
Padece dores fatais,
Porém sofre muito mais
A mulher do cachaceiro;
Sem o amor do companheiro,
Vive a pobre abandonada,
Tristonha, desconsolada,
Sofrendo um martírio enorme
E o pouco sono que dorme,
Só sonha com palhaçada.

Sem encontrar paradeiro,
Atrás de um foco de luz,
Vai levando a sua cruz
A mulher do cachaceiro;
Se padece o dia inteiro,
De noite a dor é dobrada,
Espera a brusca chegada
Do seu infeliz esposo,
Naquele estado horroroso
Só sonha com palhaçada.

Aos pés do Deus verdadeiro,
Protetor do desgraçado,
Tem seu canto reservado
A mulher do cachaceiro,
É triste o seu cativeiro,
Do mundo não goza nada,
Pode ser considerada
Sua existência perdida,
Pois durante a sua vida
Só sonha com palhaçada.

Mote

Coronel, tenha cuidado,
Que o comunismo aí vem

Glosas

A nossa crise fatal,
Cada dia mais aumenta
O pobre já não agüenta
Esta opressão atual
O peso deste costal
É carga pra mais de um trem,
Isto assim não nos convém,
O povo está revoltado,
Coronel, tenha cuidado,
Que o comunismo aí vem.

Fale com os seus patrões
Para que, por suas vezes,
Protejam os camponêses
Que vivem pelos sertões
Sem terra, sem instruções
E sem auxílio de alguém;
Eles são filhos também
Deste Brasil adorado:
Coronel, tenha cuidado,
Que o comunismo aí vem.

É coisa bem necessária
Minorar o sofrimento,
Ao pobre dando instrumento
Concernente à vida agrária;
A situação precária
Do camponês vai além,
Há matuto que não tem
Com que tratar do roçado:
Coronel, tenha cuidado,
Que o comunismo aí vem.

Dentro da classe cativa
Chora o rude camponês,
Sob o jugo do burguês,
Que fala com voz altiva,
Querendo que o povo viva
Sem proteção de ninguém,
Por séculos sem fim, amém,
Para sempre abandonado:
Coronel, tenha cuidado,
Que o comunismo aí vem.

O pobre não pode mais
Se expor a tantas fadigas,
Para aumentar as barrigas
Dos chupões nacionais.
Quem vai por estes canais
Morre e não ganha um vintém,
Perde noventa por cem,
Pois vive sempre explorado:
Coronel, tenha cuidado,
Que o comunismo aí vem.

O sertanejo sem luz
De letra e civilidade,
Cheio de necessidade,
Vergado ao peso da cruz,
Tão pobre como Jesus
Quando nasceu em Belém,
Não tem mais fé no porém
Do povo civilizado:
Coronel, tenha cuidado,
Que o comunismo aí vem.

MOTE

Só desgraça traz a guerra,
Defendemos, pois, a paz

GLOSAS

Deve a paz sempre reinar
Em todo e qualquer sentido,
Pois a guerra nos tem sido
A causadora do azar;
Rouba o nosso bem-estar
E o nosso sonho desfaz,
Chora o ancião e o rapaz
Na hora em que o canhão berra,
Só desgraça traz a guerra,
Defendamos, pois, a paz.

A paz é um bem comum
Que nos enche de prazer,
Deve sempre florescer
No peito de cada um;
Da guerra o triste zum-zum
É obra de Satanaz,
O vil inimigo audaz
Tudo destrói, tudo aterra,
Só desgraça traz a guerra,
Defendamos, pois, a paz.

A paz é a salvação,
A vida e a felicidade,
A guerra é a barbaridade,
O luto, a dor, a aflição,
A miséria e a traição,
Com seu instinto mordaz;
Portanto, a todos apraz
Implantar a paz na terra,
Só desgraça traz a guerra,
Defendamos, pois, a paz.

Fui certa noite cantar
No sítio do Jenipapo,
E ouvi lá um bate-papo
Que me fez admirar;
Dizia, à luz do luar,
O velho Juca Tomaz:
— Perca o guerreiro o cartaz
Desde o vale até a serra:
Só desgraças traz a guerra,
Defendamos, pois, a paz.

Mote

Quem persevera no bem,
Trilha o caminho da glória

Glosas

Crê nos mistérios do Além
E no juízo profundo,
Foge dos gozos do mundo
Quem persevera no bem,
Não fala mal de ninguém,
Tem sempre Deus em memória,
Como Rei de alta vitória,
E por onde quer que passe,
Entre a baixa ou alta classe,
Trilha o caminho da glória.

Inda não tendo um vintém
Para comprar o bocado,
Vive alegre e consolado
Quem persevera no bem;
Preza as verdades que tem
A sagrada e santa história,
Nesta vida transitória
O mundo não o seduz,
Debaixo de sua cruz
Trilha o caminho da glória.

Mote

Refúgio dos pecadores,
Consolação dos aflitos

Glosas

Ó Maria, Mãe das Dores,
Com o vosso amor profundo
Sois a Rainha do Mundo,
Refúgio dos pecadores;
Os próprios salteadores,
Arrependidos, contritos,
Em vossos olhos benditos
Acham o doce perdão,
Porque sois, com perfeição,
Consolação dos aflitos.

Sem vossos grandes favores,
Salvação não haverá,
E quem vos não chamará
Refúgio dos pecadores?
Quando eu partir dos horrores
Deste vale dos proscritos,
Lá nos gozos infinitos
Quero estar ao vosso lado,
Ó Mãe do Verbo Encarnado,
Consolação dos aflitos.

Ao poeta do sertão

Fui em lágrimas desfeito,
De viola sobre o peito,
Sentar-me à beira do mar.
Queria, cantando as águas,
Amenizar minhas máguas,
Dar alívio ao meu penar.

Mas, ao dedilhar o pinho,
Ouvi um riso escarninho
Do mar, sisudo a dizer:
— "Não cantes aqui, não cantes!
Os teus versos dissonantes
Não me dão nenhum prazer.

Pois tenho por entre as brumas,
Por entre as brancas espumas
Do meu dorso de cristal,
As quadras maravilhosas,
Cantantes e sonorosas
Do poeta Juvenal.

Os seus versos inda vagam,
São luzes que não se apagam
Nas minhas praias sem fim.
Volta! Volta, violeiro!
O teu canto corriqueiro
Não pode agradar a mim..."

Vendo desfeito o meu sonho,
Desconsolado e tristonho
Fui à serra, fui saber
Se alguém queria o meu canto,
Aplacando assim meu pranto
E meu acerbo sofrer.

Mas a serrana formosa
Disse-me então, desdenhosa,
Da janela do seu lar:
— "Nada de cantigas novas!
Eu tenho as mais ricas trovas
Para o meu filho ninar.

Tenho as estrofes mais lindas
De melodias infindas
De que tu não és capaz.
Pois só Juvenal Galeno
Soube do meu lar pequeno
Cantar a delícia e a paz."

Deixei a bela serrana
Na janela da choupana,
Fui pensativo ao sertão;
Por lá talvez eu cantasse
O vaqueiro e o aliviasse
A dor do meu coração.

Chegando ao chão sertanejo,
Vi frustado o meu desejo,
Porque também no sertão
Havia o cancioneiro
Cantando o forte vaqueiro
De guarda-peito e gibão.

Já exausto de fadiga,
Fui sentar-me à sombra amiga
De um cajueiro encantador,
Sobre o qual diversas aves
Cantavam canções suaves,
Repletas de puro amor.

O sabiá da floresta,
Maestro da linda festa,
Ocupava posição
No ponto mais altaneiro,
Desferindo sobranceiro
Um hino de exaltação.

O vento, todo carinho,
Amoroso, de mansinho
Soprava, varrendo o chão.
E enquanto as aves cantavam,
As borboletas voavam
Em forma de procissão.

Ante esse quadro atrativo,
Perguntei qual o motivo
Daquele festejo ali.
Então, de um galho virente,
Respondeu-me docemente
Um alegre bentevi:

— Com esta santa harmonia
De música e de poesia,
Neste lindo festival,
Para nós de tanta glória,
Celebramos a memória
Do poeta Juvenal.

Do poeta brasileiro,
O nosso cancioneiro
Aquele bardo sem par,
Que cantou divinamente
A vida da sua gente,
Do sertão à beira-mar!

Quando ouvi o passarinho,
O meu inditoso pinho
Sobre a relva abandonei.
E louvando o poeta honrado,
Que tudo havia cantado,
Ajoelhado rezei...

O Patativa*

O Álvaro Adolfo — isto é, o dr. Álvaro Adolfo, senador do Estado e causídico de sólida reputação em Belém — foi, há pouco mais de um ano, visitar a sua terra natal, depois de longos anos de ausência. Reviu lugares, abraçou amigos e beijou os dois velhinhos, seus pais, ainda vivos e fortes, alcandorados em S. Benedito, na Ibiapaba, lá bem no alto, de onde se descortina, vivo e palpitante de verdade, o "mar de pedras", de Vieira.

Ao volver ele a Belém, me fez uma longa e emocionada resenha de toda sua viagem. E concluiu:

— Venho desolado!

— Por quê?

— Porque no Ceará não encontrei mais duas coisas do nosso tempo.

— Quais são?

— Matuto e cavalo de sela!

A civilização, pois, está destruindo o Ceará... destruindo o Ceará bárbaro, mas poético, de outrora.

Mas, na narração que me fez o Álvaro, eu descobri, ainda, coisas e elementos dessa terra antiga que o automóvel, a estrada de rodagem, o cinema e outros fatores estão civilizando. Assistiu ele, em São Benedito, a uma tirada de Reis, com o bumba-meu-boi, o careta e todas as suas figuras primitivas, completas, puras, como ali sempre se fez, desde priscas eras.

Encontrei mais: depois da função — disse-me ele —, os beneditenses fizeram ao nosso senador e seu patrício ilustre uma ruidosa manifestação de alegria pela chegada e visita à sua terra e à sua gente.

E lhe ergueram muitos e efusivos "vivas"!

E ele notou e ouviu, por várias vezes, uma voz, entre a turba, que gritava:

* Capítulo XXIII do livro de José Carvalho, *O Matuto Cearense e o Caboclo do Pará*, Oficinas Gráficas Jornal de Belém, 1930, pp. 121-133).

— Viva o Senador Pompeu!

Esse Senador Pompeu era, com toda a certeza, ele, senador Álvaro.

— Por quê?

— Porque para o espírito primitivo do beneditense de Ibiapaba, só podia haver um senador, e esse senador ser Pompeu!

Já se vê, pois, que na terra do Álvaro e minha, ainda há coisas das velhas e boas dos nossos tempos.

Nem tudo está perdido!

E querem outra prova, outro exemplo desta verdade?

Aqui o tem:

Nesta semana passada, apareceu-me aqui, vindo do Ceará, o negociante José Montoril, residente em Macapá, neste Estado. Tendo ido, em visita, à sua terra — o Assaré — lá encontrou um cantador e tocador de viola, autêntico e dos bons, apesar de ter apenas 20 anos de idade. É o Antônio Gonçalves, já crismado por Patativa.

E o negociante, só pelo gosto de apresentá-lo, vem trazendo e custeando-lhe todas as despesas.

Antes, porém, de seguirem para Macapá, o que já fizeram, estiveram comigo, e mais de uma vez.

Antônio Patativa é um sertanejo puro, nascido e criado a duas léguas de Assaré. Nunca, senão agora, tinha visto o trem de ferro, o mar e o vapor. Sabe ler muito pouco. É um rapaz alvo, de boa família, cabeça bem conformada e cabelo negríssimo, abundante, fino, a lhe cair na testa em cachos encrespados. Já se tornou conhecido e tem granjeado grande fama nas redondezas de Assaré.

A bordo do "Itapagé", nesta última viagem, pintou o sete.

Ao ser-me apresentado, pedi-lhe logo para improvisar versos. Mas ele, modestamente, se escusou com este motivo:

— Estou sem minha viola, e ela é que me ajuda!

Mais tarde, à noite, apareceu-me com a companheira: a viola. Fez improvisos admiráveis. E me reproduziu o desafio que teve em Iguatu, com outro cantador de fama, o José Francisco, um cabra natural do Juazeiro, do padre Cícero.

Desse desafio, que é longo e feito em décimas, passo para aqui apenas alguns trechos:

ANTÔNIO PATATIVA

Cantando de rua em rua
Onde a desgraça flutua,
Onde há barulho e intriga,
José Francisco me diga:
Que profissão é a sua?

JOSÉ FRANCISCO

— Antônio, vou responder,
Porque minha profissão
É beber, cair no chão,
Tornando a me levantá,
Tanto que neste lugá
Bodegueiro não me agüenta.
A minha vida é nojenta,
Tenho por casa o chapéu,
E abaixo de Deus do Céu,
A cana é que me agüenta.

PATATIVA

Zé Francisco, ó que desgraça!
Minha vida assim não quero,
Desejo lhe falá séro,
Não aprecio cachaça,
Na minha boca não passa
Dia e mês e nem semana,
A cachaça não me engana
Nem eu com ela me arrisco,
Não sou como Zé Francisco,
Que canta a troco de cana.

José Francisco

Mas menino, eu sou direito
E não ando à revelia,
Pra vida da cantoria
No mundo já nasci feito,
O meu trabalho é prefeito,
A minha prosa é comum,
Quem anda neste zum-zum
Com tudo se prejudica,
Quem tem dois ôlho entrupica,
Que fará quem só tem um!

(Antônio Patativa tem, de fato, um olho vasado, como o de Camões).

Patativa

É verdade, cidadão,
Fala com muito conforto,
Todos conhecem: sou torto,
Mas até não sou topão,
Esta tua narração
Foi um ato verdadeiro,
Porém o mesmo roteiro
Da tua pessoa sai,
Quem não bebe às vezes cai,
Que fará um cachaceiro.

José Francisco

Menino, tu vai morrê,
Tu caiu em uma guerra,
Tu saiu da tua terra
Somente pra se perdê.
Que diabo vieste fazê
Aqui no meu Iguatu?
Que quando eu estou com lundu

Sou poeta de um bom jogo,
Engulo braza de fogo,
Faço inveja a cururu.

Patativa

Zé Francisco, não se apresse,
Tenha medo do perigo,
Você pra cantá comigo
Vá primeiro e se confesse,
Seu ronco não me estremece,
Não me faz esmorecê,
É necessário eu dizê,
Prepare seus documento,
Não vá chamar por S. Bento,
Depois da cobra mordê.

José Francisco

Antônio, tu há-de errá,
Vamo na reta carreira,
Na regra da bebedeira
Tu tens de te atrapaiá,
Eu proso neste lugá,
Já cantei em Maranguape;
Quem dá o traço é o lape,
Negro no relho é quem pula,
Tome, prove, beba, engula,
Desarroi, destampe e tape.

Patativa

Zé Francisco, eu também digo,
Nasci para ser poeta,
Minha palavra é bem reta,
Todo home é meu amigo;
Eu entro em todo perigo,

Embora que não escape,
Mas eu bebendo acarape
Comigo você não bula,
Tome, prove, beba, engula,
Desarroi, destampe e tape.

Isto é, apenas, uma amostra do desafio, que é muito mais longo e acalorado.

Fizemos, com o Patativa, uma sessão em casa do dr. Belfort Teixeira, onde ele improvisou versos engraçadíssimos como este, em alusão à falta do seu olho direito:

A minha sorte comigo
Foi bem cruel e tirana:
Só me consente enxergar
Três dias numa semana.

Outra noite, por um acaso, eu pude juntar o Antônio Patativa com outro improvisador sertanejo, muito conhecido em Belém, cujas ruas percorre a dizer versos, disso exclusivamente vivendo.

É o Inácio, natural da Paraíba. Sofre ele uma grande filariose numa perna, que a tem inchada, volumosa, e anda a coxear, arrimalo a uma bengala.

O velho Inácio, nessa noite, estimulado pelo rival, esteve magnífico.

Posso, aqui, apenas, reproduzir alguns versos desse desafio. As pessoas que o assistiram sabem muito bem que não os invento e nem os deturpo.

Ei-los:

Antonio Patativa

Meu velho, não arrepare,
O preguntar é dos home,
Me diga onde nasceu?
Me diga como é seu nome?

Inácio

Eu nasci na Paraíba,
Fui batizado de Inácio,
Há muitos anos deixei
A terra do Epitácio.

Patativa

Inda estou desaprumado
Da viage e do vapô,
Mas desejava encontrá
Nesta terra um cantadô.

Inácio

Pois então encontra um,
Inácio da Paraíba,
Se você não se aprumá,
Fica embaixo, eu fico em riba.

Patativa

Seu Inaço, eu sou menino
E venho do Assaré,
Você se apruma em bengala,
Mas meu aprumo é no pé.

Inácio

Menino de cara lisa,
Você comigo não pode,
Eu tenho sinal de home,
Por isto trago bigode.

Patativa

Seu Inaço, eu bem tou vendo
Na sua cara, bigode,
Barba também no sertão
Se vê em cara de bode,

INÁCIO

Menino, respeite o velho,
Não seja tão macriado,
Você só tem de poeta
Esse seu olho furado.

(A alusão a Camões é magnífica, como se vê).

PATATIVA
(com voz humilde)

Seu Inaço, não caçôe
Deste defeito da gente...
Você deve se lembrá
Da sua perna doente!

E o duelo continuou, por muito tempo ainda, embora que lhes faltassem as companheiras: as violas.

Antônio Patativa me declarou que não gosta de cantar em versos de quatro pés (quadras): gosta é de décimas, porque ele "vai amarrando melhor as rimas".

O desafio dos dois cantadores foi encerrado por mim com esta quadra improvisada a lápis e por ele admiravelmente respondida, de repente:

— Você que agora chegou
Do sertão do Ceará,
Me diga que tal achou
A cidade do Pará?

— Quando eu entrei no Pará
Achei a terra maió;
Vivo debaixo de chuva
Mas pingando de suó!

Patativa, de Macapá, escreveu-me uma carta em versos, que publiquei, e dos quais destaco aqui estes, que são de uma verdade absoluta.

O cearense, quando na Amazônia entra, pela primeira vez, em uma canoa, sente, de fato, o que ele sentiu, e descreve:

O Patativa em canoa,
Dá logo um tremô nas perna:
Nem sabe pegar no remo,
Nem a canoa governa!

E concluiu, ainda com outra verdade:

Quando me faltá repente,
Muita coisa faltará:
Dotô no Rio de Janeiro
E seca no Ceará,
Cavalo no Inhamum,
Carapanã no Pará!

Voltando ele das Ilhas, onde não achou meio próprio para os seus repentes e sua viola, ganhou as colônias cearenses da margem da Estrada de Ferro de Bragança, e aí, sim, espalhou-se.

Encontrou forma do mesmo pé; encontrou violas e cantadores do Nordeste... e surrou todos! Houve um, até, que quis se zangar com ele, conforme me narrou. E por ali passou mais de dois meses e... não chegava para as encomendas!

Ao regressar à sua terra, apresentei-o e recomendei-o à dra. Henriqueta Galeno, filha do imortal bardo cearense, que conta hoje 93 anos de idade, e que ainda faz versos, como os fez na sua gloriosa mocidade.

E ela, ali no seu Salão, fez com outros poetas uma festa ao Patativa e à sua viola, da qual deu notícia à imprensa.

Dos retalhos dos jornais que me foram remetidos, passo para aqui os seguintes improvisos, cujos motes foram dados ao poeta:

Eu senti munta alegria
Quando vi dona Henriqueta.

Eu voltei pra Fortaleza,
Cheguei no mês de dezembro,
Estou dizendo e me lembro,
Falo com toda a certeza,
Truxe a viola em defesa,
Bem preparada e direita,
Com ela tudo se ajeita,
Gente branca, gente preta,
Munta saudade sentia,
Mas hoje, tarde do dia,
Eu senti munta alegria
Quando vi dona Henriqueta!

Outro mote:

Porém não há um na terra
Como o Juvenal Galeno.
A minha carreira é reta,
Onde me derem licença
Faço uma rima completa,
Sei que há muntos poeta,
Uns grande e outros pequeno,
Brancos, mulatos, moreno,
Onde a ciença se encerra,
Porém não há um na terra
Como o Juvenal Galeno.

Quando, ainda no interior do Pará, Patativa recebeu uma carta de um irmão, narrando um episódio interessante da vida sertaneja: um seu primo, chamado Chico Mundoca, foi, como vaqueiro, pegar um boi na catinga. Sapecou o cavalo em riba do bicho, chega a carreira fedia a fogo! E quando o vaqueiro passou a mão na maçaroca do boi — no rabo — e deu-lhe o soco para ver a queda, aconteceu este caso extraordinário: ficou com o rabo do boi na mão! Caso talvez virgem e único nos anais da vaqueirice cearense. Um fato de tal natureza não poderia, nunca, deixar de ser comunicado ao poeta exilado. E foi-o, com o pedido muito natural, de um comentário em versos. Patativa não é poeta que refugue um assunto tão precioso para sua lira. Escreveu os que aqui vão, cuja cópia tenho:

Diz os homens ilustrados
De melhor conhecimento
Que só existiu talento
Em nossos antepassados,
Porém estão muito errados,
Isto um grande erro foi,
Quem isto disser perdoe
Que erra completamente,
Porque eu tenho um parente
Que arranca rabo de boi!

É ele um forte cabôco
Dotado da natureza,
Se o caso foi com certeza,
Seu talento não é pouco;
Em quem ele der um soco
Se tiver junta, desloca,
Ou racha, ou quebra, ou papoca,
Não tem nada que lhe afronte,
Quem tiver rabo se apronte,
Que lá vai Chico Mundoca!

Talento, como se sabe, é força no braço. E creio que bastará o que aí fica para a imortalidade do Patativa.

Segunda parte

Cante lá, que eu canto cá

Poeta, cantô da rua,
Que na cidade nasceu,
Cante a cidade que é sua,
Que eu canto o sertão que é meu.
Se aí você teve estudo,
Aqui Deus me insinou tudo,
Sem de livro precisá.
Por favô, não mexa aqui,
Que eu também não mexo aí,
Cante lá, que eu canto cá.

Você teve inducação,
Aprendeu munta ciença,
Mas das coisas do sertão
Não tem boa esperiença.
Nunca fez uma paioça,
Nunca trabaiou na roça,
Não pode conhecê bem,
Pois nesta penosa vida,
Só o que provou da comida
Sabe o gosto que ela tem.

Pra gente cantá o sertão,
Precisa nele morá,
Tê armoço de fejão
E a janta de mucunzá,
Vivê pobre sem dinhêro,
Trabaiando o dia intêro,
Socado dentro do mato,
De apragata currulepe,
Pisando inriba do estrepe,
Brocando a unha-de-gato.

Você é munto ditoso,
Sabe lê, sabe escrevê,
Pois vá cantando o seu gôso,
Que eu canto o meu padecê.
Inquanto a felicidade
Você canta na cidade,
A fome, a dô e a misera.
Pra sê poeta divera,
Precisa tê sofrimento.

Sua rima, inda que seja
Bordada de prata e ôro,
Para a gente sertaneja
É perdido este tesôro.
Com o seu verso bem feito,
Não canta o sertão dereito,
Porque você não conhece
Nossa vida aperreada.
E a dô só é bem cantada,
Cantada por quem padece.

Só canta o sertão dereito,
Com tudo quanto ele tem,
Quem sempre correu estreito,
Sem potreção de ninguém,
Coberto de precisão
Com paciença de Jó,
Puxando o cabo da inxada,
Na quebrada e na chapada,
Moiadinho de suó.

Amigo, não tenha quêxa,
Veja que eu tenho razão
Em lhe dizê que não mexa
Nas coisas do meu sertão.
Pois, se não sabe o colega
De quá manêra se pega
Num ferro pra trabaiá,
Por favô, não mexa aqui,
Que eu também não mexo aí,
Cante lá, que eu canto cá.

Repare que a minha vida
É deferente da sua.
A sua rima pulida
Nasceu no salão da rua.
Já eu sou bem deferente,
Meu verso é como a simente
Que nasce inriba do chão,
Não tenho estudo nem arte,
A minha rima faz parte
Das obras da criação.

Mas porém, eu não invejo
O grande tesôro seu,
Os livros do seu colejo,
Onde você aprendeu.

Pra gente aqui sê poeta
E fazê rima compreta,
Não precisa professô.
Basta vê, no mês de maio,
Um poema em cada gaio
E um verso em cada fulô.

Seu verso é uma mistura,
É um tá sarapaté,
Que, quem tem pôca leitura,
Lê, mas não sabe o que é.
Tem tanta coisa incantada,
Tanta deusa, tanta fada,
Tanto mistero e condão
E ôtros negoço impossive,
E eu canto as coisas visive
Do meu querido sertão.

Canto as fulô e os abroio
Com todas coisa daqui:
Pra toda parte que eu óio
Vejo um verso se buli.
Se às vêz andando nos vale
Atraz de curá meus male
Quero repará pra serra,
Assim que eu óio pra cima,
Vejo um diluve de rima
Caindo inriba da terra.

Mas, tudo é rima rastêra
De fruita de jatobá,
De fôia de gamelêra
E fulô de trapiá,
De canto de passarinho
E da poêra do caminho,
Quando a ventania vem,
Pois você já tá ciente:
Nossa vida é deferente
E o nosso verso também.

Repare que deferença
Isiste na vida nossa:
Inquanto eu tô na sentença,
Trabaiando em minha roça,
Você, lá no seu descanso,
Fuma o seu cigarro manso,
Bem prefumado e sadio,
Já eu, aqui, tive a sorte
De fumá cigarro forte
Feito de paia de mio.

Você, vaidoso e facêro,
Tôda vez que qué fumá,
Tira do bôrso um isquêro
Do mais bonito metá.
E eu, que não posso com isso,
Puxo por meu artifiço
Arranjado por aqui,
Feito de chifre de gado,
Cheio de argodão queimado,
Boa pedra e bom fuzí.

Sua vida é divirtida
E a minha é grande pená.
Só numa parte da vida
Nóis dois samo bem iguá:
É no dereito sagrado,
Por Jesus abençoado
Pra consolá o nosso pranto,
Conheço e não me confundo,
Da coisa mió do mundo
Nóis goza do mesmo tanto.

Eu não posso lhe invejá
Nem você invejá eu.
O que Deus lhe deu por lá,
Aqui Deus também me deu.
Pois minha boa muié,
Me estima com munta fé,
Me abraça, bêja e qué bem
E ninguém pode negá
Que das coisa naturá
Tem ela o que a sua tem.

Aqui findo esta verdade
Toda cheia de razão:
Fique na sua cidade,
Que eu fico no meu sertão.
Já lhe mostrei um espêio,
Já lhe dei grande consêio
Que você deve tomá:
Por favô, não mexa aqui,
Que eu também não mexo aí.
Cante lá, que eu canto cá.

ABC DO NORDESTE FLAGELADO

Ai como é duro vivê
Nos Estado do Nordeste,
Quando o nosso Pai Celeste
Não manda as nuve chuvê.
É bem triste a gente vê
Findá o mês de janêro,
Depois passá feverêro
E março também passá,
Sem o inverno começá
No Nordeste brasileiro.

— B —

Berra o gado impaciente,
Recramando o verde pasto,
Desfigurado e arrasto,
Com o oiá de pinitente.
O fazendeiro descrente
Um jeito não pode dá;
O só ardente, a queima
E o vento forte assoprando,
A gente fica pensando
Que o mundo vai se acabá.

— C —

Caminhando pelo espaço,
Tão triste de fazê dó,
Pras banda do pô do só,
As nuve vão em fragaço,
Aqui e ali um pedaço,
Vagando, sempre vagando,
Que quem tivé reparando
Faz logo a comparação
De umas pasta de argudão
Que o vento vai carregando.

— D —

Demenhã, bem demenhã,
Vem das montanhas um agôro
De gargaiada e de choro
Da feia e triste coã.
Os bando de rebançã
Pelo espaço a se perdê
Pra de fome não morrê
Vão atraz de outro lugá
E ali só torna a vortá,
Um dia quando chuvê.

— E —

Em tudo se vê mudança
Quem repara, vê até
Que o camaleão, que é
Verde da cô da esperança,
Por causa da cerconstança
Muda logo de feição:
O pobre camaleão
Fica com a cô nojenta,
Como essas fôia cinzenta
Que o vento assopra no chão.

— F —

Foge o prazê da floresta,
O bonito sabiá,
Que a gente pode chamá
O professô das orquesta.
Nos inverno ele faz festa,
Grogiando por esporte,
Mas, não chuvendo é sem sorte,
Fica sem graça e calado
O musgo mais afamado
Dos passarinho do Norte.

— G —

Geme de dô, se aquebranta
E dali desaparece.
O sabiá só parece
Que com a seca se incanta:
Se outro passarinho canta,
O coitado não responde,
Ele vai não sei pra onde,
Pois quando o inverno não vem
Com o desgosto que tem
O pobrezinho se esconde.

— H —

Horroroso, horrive e mau,
De lá de dentro das grota,
Manda a sua feia nota
O tristonho bacurau.
Canta o joão-corta-pau
O seu poema funero.
É munto triste o mistero
De uma seca no sertão.
A gente tem impressão
Que o mundo é um cimitero.

— I —

Inlusão, prazê e amor
Tudo parece fugí,
A gente só sente ali
Tristeza, sodade e dô.
Nos dia de mais calô,
Se escuta pra todo lado
O toque desafinado
Da gaita da sariema
Acompanhando o cinema
Do Nordeste fragelado.

— J —

Já falei sobre a desgraça
Dos animá do Nordeste.
Com a seca vem a peste
E a vida fica sem graça.
Quanto mais dia se passa,
Mais a dô se mutuprica.
A mata que já foi rica
De tristeza geme e chora.
Preciso dizê agora
O povo como é que fica.

— L —

Lamenta desconsolado
O pobre do camponês,
Pruquê tanto esfôrço fez
Mas não lucrou seu roçado.
Num banco véio sentado,
Oiando o fio inocente
E a muié bem paciente
Cunzinha lá no fugão
O derradêro fejão
Que ele guardou pra cimente.

— M —

Minha boa cumpanhêra
(Diz ele) nóis vamo imbora.
E depressa, sem demora,
Vende a sua cartuchêra,
Vende a faca, a roçadêra,
Machado, foice e facão,
Vende a pobre habitação
Com mala, rede e baú
E viaja para o Sú
Inriba de um caminhão.

— N —

Naquele duro tresporte,
Sai aquela pobre gente,
Infrentando paciente
O rigô da dura sorte,
Levando a sodade forte
De seu povo e seu lugá,
Sem um nem ôtro falá.
Vão maginando na vida,
Dexando a terra querida
Para nunca mais vortá.

— O —

Ôtro tem opinião
De morrê de fome e nu,
Porém não vai para o Sú,
Precura ôtra direção
Vai batê no Maranhão,
Onde nunca falta inverno
E, para maió consterno,
Mais dó e mais agonia,
Ôtro vai com a famia
Pra construção do gunverno.

— P —

Porém, lá na construção,
Omenta o seu desepêro,
Trabaiando o dia intêro,
De picarêta na mão.
Pra sua manutenção,
Chegando o dia marcado,
Recebe o seu ordenado
Em duas parte nojenta:
Uma, farinha mofenta,
E a ôtra, fejão furado.

— Q —

Quem quizé vê o sofrimento
De uma seca no sertão,
Procure a concentração
E entre no fornecimento,
Pois ali os alimento
Que o pobre tem que comê
A barriga pode inchê,
Mas porém não dá sustança,
Com pouco tempo as criança
De fome pega a morrê.

— R —

Raquita, triste e doente,
Vai ficando a criatura
E a boca da sipurtura
Ingulindo os inocente.
Meu Jesus, meu Pai Potente,
Que da humanidade é dono,
Desça do seu alto trono,
Da sua corte celeste
E venha vê o seu Nordeste
Como ele tá no abandono.

— S —

Sofre o casado e o sortêro,
Sofre o véio e sofre o moço.
Não tem janta nem armôço,
Não tem rôpa nem dinhêro.
Também sofre o fazendêro
Que de rico perde o nome,
O desgôsto lhe consome,
Vendo o urubú esfomeado
Puxando as péia do gado
Que morreu de sede e fome.

— T —

Tudo sofre e não resiste
Este fardo tão pesado.
No Nordeste fragelado
Em tudo a tristeza isiste.
Mas, a tristeza mais triste,
Que faz tudo intristecê,
É a mãe triste gemê,
Dos óio as agua correndo,
Vendo o seu fio dizendo:
Mamãe, eu quero comê!

— U —

Um é vê, ôtro é contá:
Quem fô repará de perto
O campo todo deserto
Dá vontade de chorá.
Somente o pé de juá
Ainda teima infoiado.
O resto é tudo pelado,
Da chapada ao tabulêro,
Onde os alegre vaquêro
Cantava tangendo o gado.

— V —

Vivendo em grande matrato
Nos campos as abêia avôa,
Sem dereção, tudo à toa,
Por causa do desacato,
À procura de um regato,
Um jardim ou um pomá,
Parando aqui e aculá,
Cumprindo a sorte mesquinha,
Mas não acha as coitadinha
Uma fulô pra cherá.

— X —

Xexéu, que é paço que mora
Nas arve bem infoiada,
Vendo a chapada arrasada,
Bate as asas e vai imbora.
Somente o sõim demora,
Pulando, a fazê careta.
Na mata tingida e preta,
Tudo é afrição e pranto,
Só por milagre de santo,
Se incontra uma barbuleta.

— Z —

Zangado contra o sertão,
Chamega os raio do Só,
Sem piedade e sem dó,
Tostando a face do chão.
E mostrando compaxão,
Lá do infinito estrelado,
Pura, limpa, sem pecado,
De noite a lua derrama
Um banho de luz no drama
Do Nordeste fragelado.

— TIL —

Eu sei que o til não é letra
E vou lhe substituí,
Dizendo que este A B C,
Que dêxo findado aqui,
É o retrato da seca
Do Nordeste do Brasí.

Meu caro jumento

Meu caro amigo jumento
Que tanto sofre e padece,
Seu grande merecimento
Munta gente não conhece.
É tão grande o seu valô,
Que o mais saibo professô,
De conhecimento além
Nas coisa da facurdade,
Tarvez não diga a metade
Do valô que você tem.

Porém, você, meu amigo,
Padece tanta afrição,
Veve sempre no castigo,
Debaxo da sujeição,
Trabaiando todo dia;
Só mesmo Deus avalia
Quanto é grande o seu pená,
Às vêz, cheio de calombo,
Com a cangaia no lombo,
Sem ninguém lhe respeitá!

Eu, que já vivo ciente,
Eu que lhe conheço bem
E trago na minha mente
O valô que você tem,
Sinto o coração doendo,
Quando eu lhe vejo sofrendo
Padecendo tanto horrô,
Paciente e pensativo,
Nessa vida de cativo,
Sem ninguém lhe dá valô.

O seu valô subrimado
Não é só porque trabaia
Levando os costá pesado
E os quatro pau da cangaia,
Pois você não merecia
Sofrê tão grande anarquia,
Vivendo como um criado,
Com o seu valô profundo
Era pra sê neste mundo
Um animá respeitado.

Merecia até morá
Num jardim belo e prefeito
Mode todos visitá
Com amô e com respeito.
Basta a gente maginá
Que de todos animá
Que esta grande terra cria
E tem o nome na histora,
Só você teve a gulora
De carregá o Missia.

Dos bicho que o mundo tem,
Você foi o preferido
Mode levá de Belém,
O Missia prometido,
Naquele tempo passado,
Quando um rêis munto marvado,

Orgüioso e interessêro,
Governava no podê
E era quem queria sê
O dono do mundo intêro.

Pois bem, esse imperadô,
Aquele cabra safado,
Que felizmente eu não tou
Do nome dele lembrado,
Com o seu geno de cobra,
Inventou certa manobra
Junto com os seus bandido,
Maginando ele que assim
Era o meio de dá fim
Ao Missia prometido.

Aquele esprito sem luz,
Devido à inveja danada,
Não conhecendo Jesus,
Traçou aquela cilada,
Mandando seus assarcino
Arrasá todos minino
Pra vê se na tirania
Da morte da criançada
Ia também na inrolada
Jesus, fio de Maria.

Mas foi castigado o incréu
Do esprito de Lucifé:
Veio um anjo lá do céu
E ordenou a São José
Que ele de noite fugisse,
De Belém se escapulisse
Com Jesus e com Maria,
Porque o marvado assarcino
Tava matando os menino
Que naquela terra havia.

E assim que o anjo avisou,
São José, no mesmo instante,
Por ali não procurou
Camelo nem elefante,
Mode levá o Deus menino.
E você tão pequenino
Teve a honra de levá.
Foi quem a viage fez,
Carçegando o grande Reis
Do Céu, da Terra e do Má.

Você, meu caro jumento,
Foi quem teve a grande sorte,
O grande merecimento
De servi como transporte,
Na noite dessa fugida,
Defendendo a santa vida
De Cristo Nosso Senhô.
Até nos livro sagrado
Seu nome tá carimbado,
Mas ninguém lhe dá valô

Porém, seu valô profundo
Não há nada que destrua,
Inquanto o mundo fô mundo,
Sua fama continua.
Se veve nesta sentença
E ninguém lhe recompensa,
É porque a humanidade
Não cumpre com o seu devê:
Em vez de lhe agradecê,
Não liga à sua bondade.

Mas ninguém pode negá
Que, no mundo, você é
O mió dos animá,
Mas porém ninguém dá fé
Do seu prevelejo imenso.
Eu muntas vez até penso,
Eu penso e sei que é verdade:
Quando um berro você sorta,
É um siná de revorta
Contra a farsa humanidade.

Ninguém pode escurecê
O seu prestijo sem fim,
Pois merecia vivê
Dentro de um belo jardim
Cercado de prata e ôro.
Acho sê um desafôro,
Um crime, um grande pecado,
Um sacrilejo, um capricho,
Andá montado no bicho
Que Jesus andou montado.

E agora, caro jumento,
Se eu errei, peço perdão.
Mas, todo seu sofrimento
É falta de potreção
De assistença e de respeito.
Você é do mesmo jeito
Do matuto agricultô,
Que trabaia até morrê
Pro mundo intêro comê,
Mas ninguém lhe dá valô.

Saudação ao Juazeiro do Norte

Mesmo sem eu ter estudo,
Sem ter do colégio o bafejo,
Juazeiro, eu te saúdo
Com o meu verso sertanejo.
Cidade de grande sorte,
De Juazeiro do Norte
Tens a denominação,
Mas teu nome verdadeiro
Será sempre Juazeiro
Do Padre Cícero Romão.

O Padre Cícero Romão,
Que, por vocação celeste,
Foi, com direito e razão,
O apóstolo do Nordeste.
Foi ele o teu protetor,
Trabalhou com grande amor,
Lutando sempre de pé
Quando vigário daqui,
Ele semeou em ti
A Simenteira da fé.

E com milagre estupendo
A Simenteira nasceu,
Foi crescendo, foi crescendo,
Muito ao longe se estendeu.
Com a virtude regada,
Foi mais tarde transformada
Em árvore frondosa e rica.
E com a luz medianeira
Inda hoje a simenteira
Cresce, flora e frutifica.

Juazeiro, Juazeiro,
Jamais a adversidade
Extinguirá o luzeiro
Da tua comunidade.
Morreu o teu protetor,
Porém a crença e o amor
Vive em cada coração.
E é com razão que me expresso:
Tu deves o teu progresso
Ao Padre Cícero Romão.

Aquele ministro amado,
Que tanto favor nos fez,
Conselheiro consagrado
E o doutor do camponês.
Contradizer não podemos
E jamais descobriremos
O prodígio que ele tinha:
Segundo a popular crença,
Curava qualquer doença,
Com malva branca e jarrinha.

Juazeiro, Juazeiro,
Tua vida e tua história
Para o teu povo romeiro
Merece um padrão de glória.
De alegria tu palpitas,
Ao receber as visitas
De longe, de muito além.
Grande glória tu viveste!
Do nosso caro Nordeste
Tu és a Jerusalém.

Sempre me lembro e relembro,
Não hei de me deslembrar:
O dia 2 de novembro,
Tua festa espetacular,
Pois vem de muitos Estados
Os carros superlotados
Conduzindo os passageiros
E jamais será feliz
Aquele que contradiz
A devoção dos romeiros.

No lugar onde se achar
Um fervoroso romeiro,
Ai daquele que falar,
Contra ou mal, do Juazeiro.
Pois entre os devotos crentes,
Velhos, moços e inocentes,
A piedade é comum,
Porque o santo reverendo
Se encontra ainda vivendo
No peito de cada um.

Tu, Juazeiro, és o abrigo
Da devoção e da piedade.
Eu te louvo e te bendigo
Por tua felicidade,
Me sinto bem, quando vejo
Que tu és do sertanejo
A cidade predileta.
Por tudo quanto tu tens
Recebe estes parabéns
Do coração de um poeta.

Carta ao padre Antonio Vieira

A inveja, a imbição
Ou a curiosidade
Atacou meu coração
Com tanta prevessidade
Até que veio o momento
Do meu grande atrevimento.
Me perdôi, Padre Vieira,
Meu distinto reverendo
A carta que eu tô fazendo
Em rude rima rastêra.

Estas rima positiva
É de um matuto da roça,
Do cabôco Patativa,
O poeta de mão grossa.
Certo de sê atendido,
Venho fazê um pedido,
Não é pra me confessa,
Pois este ano eu já fiz,
Aqui na nossa Matriz,
Minha comunhão pasquá.

Pra não vê tempo perdido,
Pra não robá suas hora,
Este meu grande pedido,
Vou lhe dizer sem demora,
Nestes verso sertanejo.
Com vontade e com desejo,
Lhe peço, de coração,
O seu volume bonito
Que na capa tem escrito
"O Jumento Nosso Irmão".

A histora eu não conheço,
Mas vi o livro no Crato,
Não perguntei nem o preço,
Não sei se é caro ou barato,
Pois, neste tempo presente,
O dinheirinho da gente
Só dá pra comprá fejão.
E devido à quebradêra,
Lhe peço, Padre Viêra
"O Jumento Nosso Irmão".

Lá no Crato, neste dia,
Munto contente fiquei,
Tive a maió alegria,
Quando o seu livro avistei
Por detraz de uma vidraça,
Na livraria da praça.
Meu Deus! Que livro bonito!
Vi a figura do jegue,
Mas, não sei o que se segue,
Não sei o que tem escrito,

Vi o volume, é verdade,
Mas no mesmo nada li,
Fiquei só com a vontade
E por isso resolvi
Lhe pedí uni inzemprá.
E se o reverendo achá
Que eu tenho merecimento,
Me remeta, sem demora,
Que eu sou doido por histora
De matuto e de jumento.

Mode não lhe dá maçada,
Mode não lhe incomodá,
Desta carta má notada
Vou fazê ponto finá.
Nada mais tenho a dizê
E na certeza de lê
Essa histora do jumento,
Além do meu forte abraço,
Vai no derradêro traço
O meu agradecimento.

Uma do diabo

O mundo sabe e percebe
O Diabo o quanto é sagaz,
Ele não come nem bebe,
Se não das arte que faz.
Pra tudo ficá ciente,
Vou pedi a toda gente
Que agora em silenço fique,
Que eu vou contar minha histora,
Que amedronta e que apavora,
Capaz de dá tremilique.

Mané Gibão é meu nome,
Já fui cabra de corage.
A caipora, o lubisome
E outra quarqué visage,
Para mim tudo era peta.
Foi por isso que o capeta
Aquele grande inimigo,
Aquele mardiçoado
Se largou de seus coidado
E veio mexê comigo.

Fui sujeito corajoso,
Topava quarqué parada.
E, além disso, era teimoso,
Não acreditava em nada.
Arma penada e caipora
Não me entrava na mimora.
Para mim esses mistero
Era conto de vigaro
Certa vez, me duvidaro
E eu drumi no cimitero.

No cimitero drumi
E tomei por um brinquedo.
Lá eu não vi nem uvi
Coisa que me fizesse medo.
No cimitero da rua,
Naquela noite de lua,
Com seu brio incantadô,
Branco da cô da cambraia,
Somente o corta-mortaia
Agorava os mafeitô.

Lá na terra onde eu vivia,
No meu querido sertão,
Todo povo conhecia
Quem era Mané Gibão.
Tudo ali me respeitava,
Pois eu não acreditava
Nas artimanha do Diôgo.
Caboge ou feitiçaria
E as questão eu resorvia,
Sem usá arma de fogo.

Em vez de uma cartuchêra,
Eu só gostava de usá
Uma faca jardinêra
E um cacete de jucá
Pra rebatê desaforo.
Ouando se acuava um tôro
Na fazenda do patrão,
Que os vaquêro se assombrava,
O patrão logo gritava:
Vão chamá Mané Gibão!

E eu saía com prazê,
Sem cumpanhêro, sozinho,
Como quem ia tangê
A jurití de seu ninho
E mesmo por um capricho
Eu desacuava o bicho
Sem ajuda de ninguém.
Por causa dessas proeza,
Lá naquela redondeza
Todos me queria bem.

Mas divido à valentia
E também à mangação,
Que eu fazia a quem dizia
Que tinha visto visão,
Certa vez, fui castigado
E hoje tou bem imprado,
Não duvido de ninguém.
No mundo de tudo isiste,
Coisa alegre e coisa triste.

Lá no meu torrão natá,
Naquele tempo vevia
Uma moça de encantá
Chamada Rosa Maria.
Era um anjo incantadô.
Parece que o Criadô,
Com sua sabedoria,
Com o seu sabê profundo,
Toda beleza do mundo
Dêxou para Rosa Maria.

Eu ficava bem contente
Na minha vida de moço,
Quando eu via em minha frente
Esta santa em carne e ôço.
Era simpate e formosa
E tinha fala dengosa
Como quem pede perdão.
Quem reparasse o seu jeito,
Sentia dentro do peito
Chucaiando o coração.

Vevia sempre briando
Os óio desta donzela,
Parecia tá chamando
A gente pra perto dela.
Tinha uma luz pura e fina
Como a estrela matutina,
Quando aponta no nascente.
Eu posso afirmá divera,
Aqueles dois óio era
Dois quixó de pegá gente.

Eu amava esta donzela
E ela me amava também.
Eu queria bem a ela
E ela me queria bem.
Uma noite e outra não,
Eu ia vê a feição
Daquela moça bonita.
Da casa dela pra minha
Quage meia légua tinha
De estrada munto esquisita.

Era uma esquisita estrada,
Por ali ninguém morava
E, além de desabitada,
O povo todo falava
Que naquela travessia
Munta vez aparecia
Um bode munto indecente
Preto, da cô de viludo,
Grande, barbado e chifrudo,
Bodejando atrás da gente.

Mas, quando algum camarada
Me falava no tal bode,
Eu dava uma gargaiada
E lhe tomava a pagode.
E tanta coisa eu dizia
E tanto fiz zombaria
Daqueles amigo meu,
Até que chegou a hora
Da minha grande caipora,
O castigo apareceu.

Eu certa noite vortava
Da casa do meu amô;
A lua no céu briava
Com o maió resprendô.
Grande silenço fazia.
Apenas a gente uvia
O canto do bacurau,
O canto do curujão,
Rezando a sua oração
Em argum oco de pau.

Porém, depois, de repente,
Eu sinti munto ligêro
Assoprá um vento quente,
Fedendo a pai-de-chiquêro.
E lá de dentro do mato,
Com um grande espaiafato,
Um rebuliço sem fim,
Veio um bodão cabiludo,
Preto, barbado e chifrudo
Bodejando atrás de mim.

Quage eu morro de pavô
Vendo aquela arrumação.
Meu cabelo arrupiou,
Que o chapéu caiu no chão.
Fiquei sem jeito e sem prano,
Me deu forte tremedêra,
Caiu da mão o jucá
E não pude nem puxá
Minha faca jardinêra.

Vendo a pintura do cão,
Vendo o medonho mistero,
Eu disse com os meus butão:
Ô pernas, para que te quero?
E dentro de dois segundo
Eu desembestei no mundo
Chega as pernas dava nó,
E o bodão, o Luçufé:
Bébébé, bébébébé!!!
Pisando em meus mocotó.

Foi grande a minha agonia,
Foi grande o meu padecê.
Dentro do peito eu sentia
O meu coração batê.
Não foi graça nem brinquedo!
E quem é que não tem medo
Das manha do Satanaz?
Ô que coisa estravagante!
Era eu corrrendo adiante
E ele bodejando atrás.

Ficou no chão o meu chapéu
E eu corri cheio de espanto,
Depois me lembrei do céu,
De Deus, dos anjo e dos santo.
Quando eu tive esta lembrança,
Veio um raio de esperança
Lá das artura descendo
E mesmo cortando a fala,
Falando fora da escala,
Fui esta oração fazendo:

Meu Padrim Ciço Romão,
Meu Santo do Cariri,
Tenha de mim compaxão,
Tire este bode daqui!
Minha Santa Padroêra
Desta terra brasilêra,
Santa Virge Aparecida,
Que tudo vê e tudo pode,
Não dêxe este grande bode
Remexê na minha vida.

Ante d'eu rezá com fé,
O bicho era bodejando
Com aquele bébébé,
Iscumando e pinotando,
Que eu mesmo dizê não sei.
Mas porém, quando eu falei
No nome de Meu Padrim
E no de Nossa Senhora,
O bodão, naquela hora,
Saiu de perto de mim,

Eu vi que ele não gostou
Da minha forte oração,
Berrou, fungou, pinotou
E desceu num sucavão,
Em direção de um riacho
E quando chegou embaxo,
Deu um estôro danado
Chega entrou na minha venta
Uma catinga nojenta
De inxôfre e chifre queimado.

Eu senti grande miora,
Vendo o bicho se afastando
E saí de estrada a fora
Com as perna bambeando.
E eu não nego nada não,
Nem que façam mangação
Eu não vou escondê nada
Dos aperto que passei
Quando eu em casa cheguei
A calça tava moiada.

Foi bem triste o meu estado,
Não vou negá nem menti
Passei a noite assombrado
Sem dexar ninguém drumi.
E depois que se espaiou
Tudo quanto se passou,
Naquela noite assombrosa,
Eu fiquei tão acanhado,
Nunca mais andei pros lado
Da moça Maria Rosa.

E lá naquele lugá,
Aqueles meus camarada,
Prumode se desforrá,
Ia na minha morada
Somente fazê narquia.
Chegava um e dizia:
"Como vai Mané Gibão?
Armazém de pabulage,
Cadê a sua corage?
Ainda viu o bodão?"

E eu só ficava pensando
Que o que eles tava dizendo,
Tudo aquilo era pagando
O que eu já tava devendo.
E tanta coisa dissero,
Tanta mangação fizero,
Até que eu não agüentei.
Saí de lá escondido.
Por lá não é conhecido
Quá rumo foi que eu tomei.

Porque, no sertão, o povo
Vevia a zombá de mim,
Era o véio e era o nôvo
E Palo, Chancho e Martim.
Em quarqué parte que eu ia
Incontrava uma narquia,
Uma pilera, um pagode.
Tudo de mim caçoava,
Muntos lá só me chamava
O Mané Gibão do bode.

E eu tomava por castigo,
Pois eu não tinha dereito
E é por isso que hoje eu digo:
Isto se dá com o sujeito
Que a certas coisa se astreve,
Neste mundo ninguém deve
Duvidá de seu ninguém,
No mundo de tudo isiste,
Coisa alegre e coisa triste,
O mundo de tudo tem.

Rescordando este passado,
Me foge o sangue das vêia,
O corpo fica gelado
E o cabelo se arrupeia,
Fico cansado a tremê
E sinto mesmo corrê
Um suó frio na testa,
Fico sem fôrgo e afrito.
Te desconjuro, Mardito!
Eita bicho da molesta!

A TRISTEZA MAIS TRISTE

Neste mundo não existe
Uma tristeza tão triste
Igual à separação
Do caboclo nordestino
Que viajou sem destino,
Deixando o caro torrão.

E o que mais causa impressão
É ver a casa vazia
Com um papagaio encima
Sempre a chamar por Maria.

Faz pena o caboclo forte,
Desprotegido da sorte
Deixar sua habitação,
A casinha onde ele mora,
Pra sair de mundo afora,
Sem terra, sem lar, sem pão.

E o que mais causa impressão
É ver a casa vazia
Com um papagaio encima
Sempre a chamar por Maria.

Foi assim que o Zé da Roça
Deixou a sua palhoça
No mais completo abandono
E o seu cachorro Trigueiro
A uivar pelo terreiro,
Com saudade de seu dono.

E o que mais causa impressão
É ver a casa vazia
Com um papagaio encima
Sempre a chamar por Maria.

Deixou a roça prantada
Com a pranta esturricada,
Sinal da seca inclemente,
E partiu contra a vontade,
Deixando tanta saudade
No coração de quem sente.

E o que mais causa impressão
É ver a casa vazia
Com um papagaio encima
Sempre a chamar por Maria.

Ficou um pé de roseira
E um banquinho de arueira
Bem na porta do oitão
Onde Maria, coitada!
Vevia sempre sentada,
Descaroçando algodão.

E o que mais causa impressão
É ver a casa vazia
Com um papagaio encima
Sempre a chamar por Maria.

Ficou também no terreiro
Um frondoso cajueiro
Onde a mansa viração
Soprando, a fazer carinho,
Parece dizer baixinho:
Zé da Roça não vem não.

E o que mais causa impressão
É ver a casa vazia
Com um papagaio encima
Sempre a chamar por Maria.

Lamentos de um nordestino

Eu sou sertanejo das terras do Norte,
Mas a negra sorte me fez arribar.
Hoje vivo ausente,
Sem ver minha gente,
O meu sol ardente
E o meu branco luar.

Ai quem dera voltar
Ai quem dera voltar
Ao meu lar!

Oh! terra querida da minha amizade,
A dor da saudade me faz soluçar.
Há tempo não vejo
O São João sertanejo
Com o seu festejo
De fogo do ar.

Ai quem dera voltar,
Ai quem dera voltar,
Ao meu lar!

Pra ver o meu casebre de palha de coco,
Tapado a reboco que eu deixei lá
E ouvir no terreiro
Sobre o cajueiro
Cantar prazenteiro
O meu sabiá.

Ai quem me dera voltar
Ai quem me dera voltar
Ao meu lar!

Santa Aparecida, Rainha Celeste,
Me leva ao Nordeste, que eu quero escutar
A vaca mugindo,
Chocalho tinindo,
Cachorro latindo
E vaqueiro aboiar.

Ai quem me dera voltar
Ai quem me dera voltar
Ao meu lar.

Quadras

Há coisa que a gente arrisca
Só porque não considera
Que através da boa isca
Há sempre um anzol de espera.

O mundo está sempre cheio
De prepotentes sujeitos,
Que, olhando o defeito alheio,
Se esquecem de seus defeitos.

No nosso peito a ilusão
Finaliza sempre em nada:
Começa como o vulcão,
Termina como geada.

Cada um no mundo vai
Rompendo o seu empecilho.
A esperança do pai
É o futuro do filho.

Enquanto a escada dos bons
Tem vazios os degraus,
Vão as fileiras subindo
A negra escada dos maus.

O grande prêmio

Feliz daquele que despreza o mundo
Para viver ao lado de Jesus,
Levando aos ombros a pesada cruz,
Resignado no sofrer profundo.

A fantasia do prazer imundo
Nunca o prende, nunca o seduz.
Segue à procura da Divina Luz,
Alimentando um ideal fecundo.

E, no seu final dia, sobre o leito,
Sempre contente, sempre satisfeito,
Ante o momento da feliz partida.

Morre sorrindo, pois tem boa sorte:
Receberá no Céu, depois da morte,
O grande prêmio que ganhou na vida.

Coisas do Rio de Janêro
(Ao meu amigo Eloi Teles)

Prezado amigo e colega
Sei que você não me nega,
Leia esta relação,
Pois não me esqueço da fama
De seu bonito progama
Que é "Coisas do Meu Sertão".

Todo roxo de sodade
Tou aqui nesta cidade,
Meu prezado amigo Eloi,
Sofrendo calô e frio,
Nesta cidade do Rio,
Pertinho de Niterói.

Eu vivo pensando aqui
Nas águas do Cariri
E em tudo do nosso Estado.
E além de vivê sodoso,
Vivo também nervoso
De morrê atropelado.

Pois este Rio é de morte,
Aqui tem tanto tresporte
Fora caminhão e jipe,
Que a gente fica lembrando
Dos formigueiro assanhado
Lá da Serra do Araripe.

Procurando distração,
Vou vê na televisão
As munganga dos artista
E vou vê os animá
Todos inracioná
Na Quinta da Boavista.

Já fui a Copacabana,
Fui ao Campo de Santana,
Leblon, Mesquita e Bangú.
Senti um desgosto forte,
Por saber que o nosso Norte
É uma colônia do Sú.

Aqui tem munta beleza.
Tem umas, da Natureza,
E outras, artificiá.
Sei que você acredita:
É tanta coisa bonita
Que ninguém sabe contá.

Vi uma bibrioteca,
Tão grande que nunca seca,
Chamada nacioná.
Pois tanto livro ela tem,
Que vinte vagão de trem
Talvez não possa levá.

No Morro do Crocovado,
Fiquei quase amalucado,
Com o meu juizo fraco,
Por vê como um escultô
Fez o Cristo Redentô
Inriba deste pinaco.

O Pão de Açuca é um monte
De uma artura sem desconte
Como nunca vi assim.
É uma coisa maluca,
Porém, se fosse de açuca,
Já tinha levado fim.

O Rio é bastante lindo,
Eu devia aqui tê vindo
No tempo de cabra môço,
Porém, fui um desastrado,
Já cheguei véio e cansado,
E com a canga no pescoço.

Nesta bonita cidade
É tão grande a vaidade
Que passa das incomenda,
Não há vigaro que acabe,
É terra que as muié sabe
Inconomizá fazenda.

A tá civilização
E a senhora inducação,
Tudo pôde transformá.
A moça aqui dêxa a saia
E vai de maiô à praia,
Pra tomá banho de má.

Eu fico assim maginando,
De boca aberta, pensando,
E faço o seguinte estudo:
Neste Rio de Janêro,
O cabra tendo dinhêro,
Tá no céu com tripa e tudo.

Desilusão

Por ordem divina, cheguei certo dia,
Incauto e sem guia,
No mundo a sorrir.
Seguindo o meu sonho de ingênua criança,
Eu tive a esperança
De um belo porvir.

A brisa amorosa beijou-me na fronte
Um lindo horizonte
Ao longe avistei.
Se tudo falava de amor e poesia,
Um tom de harmonia
Em tudo eu notei.

De peito ansioso, corri à procura
De gozo, ventura,
Mistério e condão.
Vaguei pela terra, de abrigo em abrigo,
Qual pobre mendigo
Em busca do pão.

E sempre encontrando em meus tristes caminhos
Os duros espinhos
Que a mágua contém.
E a voz da ilusão, a dizer-me, de lado:
O teu eldorado
Está mais além.

Além eu passava, à procura do norte,
Porém sempre a sorte
Fatal contra mim.
Enquanto os martírios eu ia carpindo,
Mais via surgindo
Tormentos sem fim.

Na longa viagem, vi monstro homicida,
Vi luta renhida
De irmão contra irmão.
E vi entre os homens a falta de sizo,
Nos lábios, um riso,
No peito, um dragão.

Nas noites escuras, ouvi o bulício
Dos filhos do vício,
No doido tropel.
E vi a loucura da mais linda dama
Socada na lama
Do negro bordel.

Vi tudo envolvido na baixa matéria,
Um caos de miséria,
Sem ordem nem lei.
Voltei desolado, de peito vasio.
Nem honra nem brio
Na terra encontrei.

De tanta tristeza, pesar e desgosto,
Senti pelo rosto
Correr-me o suor.
Se, neste universo, só reina tortura,
Devo ir à procura
De um mundo melhor.

A morte vem perto, conheço que morro,
Não peço socorro,
Preciso morrer.
Aquele que pensa, não morre gemendo,
Pois ele está vendo
Que cumpre o dever.

Não levo saudade gravada na mente,
Da vida presente
Eu nada fruí.
Em vez de conforto, sossego e delícias,
Somente malícias
E dores eu vi.

Rio de Janeiro, 4 de janeiro de 1967

A TERRA É NATURÁ

Sinhô dotô, meu ofiço
É serví ao meu patrão.
Eu não sei fazê comiço,
Nem discuço, nem sermão;
Nem sei as letras onde mora,
Mas porém, eu quero agora
Dizê, com sua licença,
Uma coisa bem singela,
Que a gente pra dizê ela
Não precisa de sabença.

Se um pai de famia honrado
Morre, dexando a famia,
Os seus fiinho adorado
Por dono da moradia,
E aqueles irmão mais véio,
Sem pensá nos Evangéio,
Contra os novo a toda hora
Lança da inveja o veneno
Até botá os mais pequeno
Daquela casa pra fora.

Disso tudo o resurtado
Seu dotô sabe a verdade,
Pois, logo os prejudicado
Recorre às oturidade
E no chafurdo infeliz
Depressa vai o juiz
Fazê a paz dos irmão
E se ele fô justicêro,
Parte a casa do herdêro
Pra cada quá seu quinhão.

Seu dotô, que estudou munto
E tem boa inducação,
Não ingnore este assunto
Da minha comparação,
Pois este pai de famia
É o Deus de Soberania,
Pai do meu sinhô e pai meu,
Que tudo cria e sustenta,
E esta casa representa
A terra que ele nos deu.

O pai de famia honrado,
A quem tô me referindo,
É Deus Nosso Pai Amado,
Que lá do céu tá me uvindo,
O Deus justo que não erra
E que pra nós fez a terra.

Este praneta comum,
Pois a terra, com certeza,
É obra da Natureza
Que pertence a cada um.

Esta terra é como o Só,
Que nasce todos os dia,
Briando o grande, o menó
E tudo o que a terra cria.
E Só quilareia os monte.
Também as água das fonte.
Com a sua luz amiga,
Potrege no mesmo instante,
Do grandaião elefante
A pequenina formiga.

Esta terra é como a chuva,
Que vai da praia à campina,
Móia a casada, a viúva,
A véia, a moça, a menina.
Quando sangra os nevuêro,
Pra conquistá o aguacêro
Ninguém vai fazê fuchico,
Pois a chuva tudo cobre,
Móia a tapera do pobre
E a grande casa do rico.

Esta terra é como a lua,
Este foco prateado,
Que é do campo até a rua,
A lampa dos namorado,
Mas, mesmo ao véio cacundo,
Já com ar de moribundo,
Sem amô, sem vaidade,
Esta lua cô de prata,
Não lhe dêxa de sê grata,
Lhe manda quilaridade.

Esta terra é como o vento,
O vento, que, por capricho
Assopra, às vez, um momento,
Brando, fazendo cuchicho,
Outras vez, vira o capeta,
Vai fazendo pirueta,
Roncando com desatino,
Levando tudo de móio,
Jogando arguêro nos óio
Do grande e do pequenino.

Se o orgüioso pudesse,
Com seu rancô desmedido,
Tarvez até já tivesse
Este vento repartido,
Ficando com a viração
E dando ao pobre o furacão.
E acha mesmo que precisa
Gozá do frescô da brisa,
Dando ao pobre a tempestade.

Pois o vento, o Só, a Lua,
A chuva e terra também,
Tudo é coisa minha e sua,
Seu dotô conhece bem.
Pra se sabê disso tudo
Ninguém precisa de estudo.
Eu sem escrevê, nem lê,
Conheço desta verdade.
Seu dotô, tenha a bondade
De uvi o que vou dizê.

Não invejo o seu tesôro,
Suas mala de dinhêro,
A sua prata, o seu ôro,
O seu boi, o seu carnêro,
Seu repôso, seu recreio,
Seu bom carro de passeio,
Sua casa de morá
E a sua loja surtida,
O que quero nesta vida
É terra pra trabaiá.

Escute o que tou dizendo,
Seu dotô, seu coroné:
De fome tão padecendo
Meus fio e minha muié.
Sem briga, questão, nem guerra
Meça desta grande terra
Unias tarefa pra eu!
Tenha pena do agregado,
Não me dêxe deserdado
Daquilo que Deus me deu!

Minha sodade

Minha gente! Minha gente!
Eu sei ocultá meu pranto.
Não pense que tou contente,
Quando na viola canto.
Pois tá pensando o contraro:
Eu canto é como canaro
Preso na sua gaiola.
Tou cançado de dizê
Que se vivê é sofrê,
Eu já passei da bitola.

Se no mundo toda gente,
O povo mau e o distinto,
Cada um conta o que sente,
Eu quero contá o que sinto.
Meu sofrimento é sem fim,
Eu tenho dentro de mim
Uma sodade arranchada,
Tão grande, tão desmedida,
Que não pode sê medida,
Nem pesada e nem jurgada.

Sodade, esta aguda seta,
Que é mãe da rescordação,
Sabendo que eu sou poeta,
Achou que meu coração
Pra se arranchá dava jeito
E foi entrando em meu peito
Como broca em aruêra,
Que vai furando, furando,
Até que fica morando
No miolo da madêra.

Com a mesma ingratidão
Veio a sodade e, sem dó,
Agarrou meu coração,
Se inrolou e deu um nó.
E foi crescendo, crescendo,
Cada vez mais se estendendo
E por dentro inraízando.
Tanto ligou e apregou,
Que em toda parte que eu tou,
Ela tá me aperreando.

No verdô da minha idade,
Mode acalentá meu choro,
Minha vovó de bondade
Falava em grandes tisôro:
Era historа de reinado,
Princesa e prinspe incantado,
Com feiticêra e condão.
Essas histora ingraçada
Tá selada e carimbada
Dentro do meu coração.

Mas porém, eu sinto e vejo
Que a grande sodade minha
Não é só de histora e bêjo
Da querida vovózinha,
Demenhãzinha, bem cedo.
Sodade de meus brinquedo!
Meu badoque e meu bornó,
O meu cavalo de pau,
Meu pinhão, meu birimbau
E a minha calça cotó.

Sem esperança e sem fé,
Vejo o meu má incurave.
Eu tenho sodade até
Das coisa desagradave,
Pois mesmo aquilo que eu via
Que não me dava alegria,
Não ficava satisfeito
E nem me senia bem,
Virou sodade também
E se arranchou no meu peito.

Sodade, quando eu, deitado
Na minha pequena rede,
Escutava admirado
Nos buraco das parede,
O cri-cri-cri dos grilo;
Sodade de tudo aquilo
Que para mim já morreu,
Sodade até das palmada,
Cocorote e chinelada
Que minha mãe dava neu.

Nesse tempo, eu pissuia
Paz, inocença e saúde,
Quando no inverno chuvia,
Eu ia brincá de açude
Nas levada do terrêro,
Sempre alegre e prazentêro.
Mas, aquele tempo belo,
Que para mim já não torna,
Fez do meu peito bigorna
E da sodade martelo.

E veve o martelo horrendo
Toda noite e o dia intêro,
No meu coração, batendo,
Maiando no ferro quente.
E assim, bem deferente
Do resto da humanidade,
Como um pobre vagabundo,
Vou arrastando no mundo
O meu fardo de sodade.

Já me achei arrodeado
De amô, de bêjo e carinho
E hoje triste, abandonado,
Vou seguindo o meu caminho,
Sem alento e sem conforto,
Cansado, injambrado e torto
Com o grande peso da idade,
Que o meu corpo até parece
A formatura de um S
Com que se escreve Sodade.

Só tenho Deus por defesa
Na minha crué sentença
E como tenho certeza
Que a minha grande doença
Não tem cura, não tem jeito,
Tenho que agüentá no peito
Este cavalo-do-cão,
Que ferrôa, que ferrôa,
Que maltrata, que magôa
E fere o meu coração.

Conversa de matuto

Meu amigo João Moiriço,
Eu agora fiquei certo
Que nóis já tamo bem perto
De saí do sacrifiço.
Eu onte uvi um comiço
De um dotô que é candidato,
Home sero e munto isato
E ele garantiu que agora
Vai havê grande iniora
Para o pessoá do mato.

No comiço, ele falou
Que depois que ele vencê
Vai com gosto potregê
A cada um inleitô.
O povo trabaiadô,
Que padece no roçado,
Pode votá sem coidado
Que depois da votação
Vai tudo recompensado.

Aquele é home de bem!
Quando desceu do palanco,
Falou com preto e com branco,
Com rico e pobre também.
Ali não ficou ninguém
Pra ele não abraçá.
Veve sempre a conversá.
É alegre e sastifeito.
Num home daquele jeito
Faz gosto a gente votá.

Do palanco ele desceu,
Alegre, dizendo graça
E mais tarde lá na praça
Palestrando apareceu.
Se sentou pertinho d'eu
Lá num banco da venida
Preguntou por minha vida
E disse na mesma hora
Que a sua grande vitora
Já tá quage decidida.

E pediu que eu percurasse
Com muita delicadeza,
Aqui nesta redondeza,
Gente que nele votasse,
Que depois que ganhasse
Ia as coisa resorvê:
A prêmera era fazê,
Aqui em nosso lugá,
Um belo grupo escolá
Pra nossos fio aprendê.

Depois, um mioramento
Pra nóis pudê trabaiá,
Simente pra nóis prantá
Sem precisá pagamento
Quarquê coisa no fomento
É só nóis querê e pedí
E depois de consegui
Estas premera vantage,
Vem uma bela rodage,
Da cidade até aqui.

Eu tenho esperança e fé
Nas promessa do dotô
E pedi a ele eu vou
Um emprego pra José.
Mais tarde, se Deus quizé,
O meu fio faz figura,
Saindo da agricurtura,
Este cansado chamego
E arranjando um bom emprego
Lá dentro da Prefeitura.

É tanto que eu vou caçá
Argum voto por aqui.
Já conversei com Davi,
Com Francisco e Vardemá.
Fuloriano e Mosá,
Dona Susana e Lindô,
Mané Chico e João Lavô,
Napuleão e Rometi
E tudo me prometeu
Que vai votá no dotô.

João Moiriço, meu amigo.
Sei que você acredita,
Não venho fazê visita
Hoje aqui no seu abrigo.
Oiça bem o que lhe digo.
Você nunca me faiôu,
A ocasião chegou
De eu pedí seu voto isato
Para o dotô candidato
De prestijo e de valô.

Isto que eu tou lhe falando
É bom pra nosso futuro:
Nóis tamo num grande escuro
E uma estrela vem briando.
Veja que você votando
Neste home de brio,
Em quem com gosto confio,
É um negoço importante.
Vai havê dagora em diante
Escola pra nossos fio.

João Moiriço:

— Meu amigo Zé Fulô,
Vou lhe dizê a verdade:
É véia a nossa amizade,
Porem você se inganou.
Pode pedi, que eu lhe dou,
Uma arroba de argodão,
Uma quarta de fejão
E cinco metro de fumo.
Tudo com gosto lhe arrumo,
Porém o meu voto, não!

Lhe dou, se você quizé,
Minha boa lazarina
E o meu galo de campina,
Que eu amo com toda fé,
Dou minha porca baié
E o meu cachorro Sultão.
Maria dá um capão
E o Chico dá um cabrito.
Tudo isto eu admito,
Porém, o meu voto, não!

Meu amigo Zé Fulô,
Não siga por esta tria!
Você ainda confia
Em promessa de dotó?
Aquilo que ele falou
É somente imbromação.
Quando é tempo de inleição,
Esses home se perpara,
Trazendo um santo na cara
E o diabo no coração.

Você não dê confiança,
Pois quando a campanha vem,
Com ela chega também
A pabulage e a lambança.
Às vez, os matuto dansa
Com as fia do dotô,
É aquele grololô,
Tudo alegre e sastifeito.
Ante do dia do preito,
Tudo é prefume e fulô.

Mas, depois que passa o preito,
O desmantelo renova.
Palavriado não prova
A bondade do sujeito,
Pra garrafa deste jeito
Não isiste sacarrôia.
Não quêra fazê escôia,
Se não você sai perdendo:
Esse dotô tá inchendo
As suas venta de fôia!

Isto já vem do passado
E a pisada ainda é essa.
Por causa dessas promessa,
Meu avó foi inganado
O meu pobre pai, coitado!
Foi inganado também!
E eu, que já conheço bem,
Pra votá sou munto franco,
Mas porém, só voto em branco,
Eu não confio em ninguém.

Em branco eu tenho votado,
Pois só assim me convém,
Porque, votando em arguém,
Traz o mesmo resurtado.
Com certos palavriado
Ninguém pode me inludi,
Vivo trabaiando aqui
Nesta vida aperreada,
Mas não sou degrau de escada
Pra seu fulano subi.

Zé Fulô, repare bem,
As premessa é só na hora,
Porém, depois da vitora,
Premessa valô não tem
E esperá por quem não vem,
Matrata, doi e acabrunha.
Digo e tenho testemunha:
Quage todos candidato
Tem as mamparra do gato,
Dá um bote e esconde a unha.

Na campanha eleitorá,
Quando eles incontra a gente,
Chama de amigo e parente,
Naquele parrapapá.
Mas, depois deles ganhá
E recebê posição,
A ninguém presta tenção.
Assim que a gente repara,
Vê logo a cara do cara
Como cara de lião.

Zé Fulô, não seja bruto,
Seja mais inteligente,
Repare que aquela gente
Não faz conta de matuto.
Não dou crença nem escuto
Premessa desses dotô,
Pra não passá o que passou,
Sendo inganado e inludido,
O meu pobre pai querido
E o finado meu avô.

Tome esta boa lição
E dêxe logo esta veneta,
Seja sero, não se meta
Com fuchico de eleição!
Esse dotô sabidão
Que agora lhe apareceu
E tudo lhe prometeu,
Depois da vitóra pronta,
Fica fazendo de conta
Que nunca lhe conheceu.

E se você se afobá
E pegá com léroléro,
Zangado, falando sero,
Querendo se revortá,
Pedindo pra lhe pagá
Todas premessa que fez,
Ele, com estupidez,
Fica cheio de maliça,
Dá logo parte à puliça
E lhe mete no xadrez.

Portanto, vá se aquetá,
Não entre neste curtiço,
Não vá dexar seu serviço
Pra sê cabo eleitorá.
Vá sua casa zelá,
Vá cuidá do seu trabaio,
Não pegue neste baraio,
Se não você perde o jogo.
Água é água e fogo é fogo.
Cada macaco em seu gaio.

Cabôca da minha terra

Quem me dera sê poeta
Da mais rica inspiração,
Pra na linguage correta
Fazê do choro canção,
Fazê riso do gemido.
Ah! se os isprito sabido
De Catulo e Juvená
Falasse por minha boca,
Prumode eu cantá a cabôca
Da minha terra natá!

Desta terra de gulora,
Meu querido Ceará,
Que é conhecido na historа
Por terra dos Alencá.
Terra dos índio valente
Que mataro muita gente
De frecha e também de pau
E terra aonde premêro
O povo do cativêro
Se livrou do bacaiau.

A sua pobre cabôca
É bela, forte e gentí,
Porém minha idéia é pôca
Mode eu dizê tudo aqui.
Tem ela o corpo composto,
Também a marca no rosto
Do quente só do sertão
E tem a cabeça chata
De tanto carregá lata
Com água dos cacimbão.

Ela não anda decente
Nem pissui inducação,
Pois veve constantemente
De apragata ou pé no chão,
Não tem de letra ricuço
Não sabe fazê discuço,
Não sabe lê nem contá,
Pois não tem sabedoria,
Mas faz renda, cose, fia
E trabaia no tiá.

E sempre é muito singela,
Porém tem grande valô,
Quem veve dijunto dela,
Tem um anjo protetô.
Ela não tem pele fina
Como as donzela granfina
Que tiveram inducação,
Nem tem dedo despontado,
Os seus dedo é achatado
Da inxada e do pilão.

Mas porém a gente nota
Nela um jeito, um não sei que,
Com um risinho ela bota
Quarqué rapaz pra ruê.
É boa, amave e bonita
E quando de amô parpita,
Querendo arranjá chodó,
Tem caboge, tem feitiço,
Não precisa de artifiço,
Não bota ruge nem pó.

Pensando no casamento,
Veve cheia de prazê,
O bêjo do atrevimento
Não gosta de recebê.
Não gosta de certas graça
E muntas vez até passa
Dez ano sem namorá,
Esperando o noivo amado
Que saiu de seu Estado
Pras banda do Paraná.

Esta cabôca rocêra
Que na armadia não cai,
Muntas vez morre sortêra
Pra não desgostá seu pai.
Só satisfaz a vontade,
Se o véio dé liberdade.
Eu conheço munto bem
Esta cabôca interada,
Que sabe sofrê calada
As mágua que o peito tem.

Eu sei de tudo e tou certo
De seu prazê e sua dô.
Eu conheço bem de perto
Sua corage e valô,
Pois eu tenho visto munto
Quando é dia de adjunto
Na mais quente animação,
Ela fazê com despacho
Prueza de cabra macho
Com uma inxada na mão.

Bem cedo demenhãzinha,
Quando o só briando sai,
Quando ela arruma a cozinha,
Para o seu roçado vai,
Prumode ajudá o marido,
Muntas vez esmorecido,
Sem esperança e sem fé,
Que só não se desespera,
Porque ôve e considera
Os consêio da muié.

Caboca, eu bem te comprendo,
Sinto muito e tenho dó,
Quando eu te vejo sofrendo,
Derramando o teu suó,
Loitando por tua vida.
Cabôca desprotegida
Eu tenho pena de tu,
Quando eu encontro o teu fio
Esposto ao calô e ao frio,
Doente, com fome e nu.

O grande, o maió coidado
Que tu nesta vida tem,
É zelá teu fio amado
Que tanto adora e qué bem
E muntas vez chega a hora
De vê o coitado í se imbora,
De farda, quepe e fuzí,
Pra se metê nas fiêra,
Honrando a nossa bandêra,
Em defeza do Brasí.

Muntas vez te móia o rosto
Ó pranto triste que dói,
Quando o teu fio disposto,
Fazendo papé de herói,
Vai se oferecê à guerra.
Cabôca da minha terra,
Tu devia sê feliz,
Em recompensa dos fio
De tanto valô e brio
Que tu tem dado ao país.

Só a potreção do Eterno
Te faz corajosa assim,
Quando faia o nosso inverno,
Que chega o rigô sem fim,
Tu sem pão e má vestida
Dêxa a terra querida,
Teu caro e doce torrão
E vai toda paciente
Com a famia na frente
Escapá no Maranhão.

Grande prova tu tem dado
Da mais disposta muié.
Eu que vivo do teu lado,
Tou vendo e sei que tu é
Bela, forte e munto boa.
Mas te peço, me perdoa!
Eu não te posso cantá,
Porque não sou protegido
Pelos esprito sabido
De Catulo e Juvená.

INGÉM DE FERRO

Ingém de ferro, você
Com seu amigo motô,
Sabe bem desenvorvê,
É munto trabaiadô.
Arguém já me disse até
E afirmou que você é
Progressista em alto grau,
Tem força e tem energia,
Mas não tem a poesia
Que tem um ingém de pau.

O ingém de pau, quando canta,
Tudo lhe presta tenção,
Parece que as coisa santa
Chega em nosso coração.
Mas, você, ingém de ferro,
Com este horroroso berro,
É como quem qué brigá,
Com a sua grande afronta
Você tá tomando conta
De todos canaviá.

Do bom tempo que se foi
Faz mangofa, zomba, escarra.
Foi quem espursou os boi
Que puxava na manjarra.
Todo suberbo e sisudo,
Qué guverná e mandá tudo,
É só quem qué sê ingém.
Você pode tê grandeza.
E pode fazê riqueza,
Mas eu não lhe quero bem.

Mode esta suberba sua
Ninguém vê mais nas muage,
Nas bela noite de lua,
Aquela camaradage
De todos trabaiadô.
Um, falando em seu amô
Outro, dizendo uma rima,
Na mais doce brincadêra,
Deitado na bagacêra,
Tudo de papo pra cima.

Esse tempo que passou,
Tão bom e tão divertido,
Foi você quem acabou,
Esguerado! Esgalamido!
Come come interessêro!
Lá dos confim do estrangêro,
Com seu baruio indecente,
Você vem todo prevesso,
Com histora de progresso,
Mode dá desgosto à gente!

Ingém de ferro, eu não quero
Abatê em grandeza,
Mas eu não lhe considero
Como coisa de beleza,
Eu nunca lhe achei bonito,
Sempre lhe achei esquisito,
Orgüioso e munto mau.
Até mesmo a rapadura
Não tem aquela doçura
Do tempo do ingém de pau.

Ingém de pau! Coitadinho!
Ficou no triste abandono
E você, você sozinho
Hoje é quem tá sendo dono
Das cana do meu país.
Derne o momento infeliz
Que o ingém de pau levou fim,
Eu sinto sem piedade
Três moenda de sodade
Ringindo dentro de mim.

Nunca mais tive prazê
Com muage neste mundo
E o causadô de eu vivê
Como um pobre vagabundo,
Pesaroso, triste e perro,
Foi você, ingém de ferro,
Seu safado! Seu ladrão!
Você me dexou à toa,
Robou as coisinha boa
Que eu tinha em meu coração!

Adverte-se aos curiosos que se imprimiu esta obra nas oficinas da gráfica Quebecor, na cidade de São Paulo, aos 19 de novembro do ano dois mil e três, composta em Walbaum de corpo onze, em papel off-set setenta e cinco gramas e acácia cento e oitenta gramas, com tiragem de três mil exemplares.